10 체질을 알면
교육이 보인다

10체질을 알면 교육이 보인다

2011년 12월 10일 초판 1쇄 발행
지은이 · 김대원

펴낸이 · 박시형
책임편집 · 최세현, 김범수 | 디자인 · 김애숙

경영총괄 · 이준혁
마케팅 · 권금숙, 장건태, 김석원, 김명래, 탁수정
경영지원 · 김상현, 이연정, 이윤하
펴낸곳 · (주)쌤앤파커스 | 출판신고 · 2006년 9월 25일 제313-2006-000210호
주소 · 서울시 마포구 동교동 203-2 신원빌딩 2층
전화 · 02-3140-4600 | 팩스 · 02-3140-4606 | 이메일 · info@smpk.co.kr

ⓒ 김대원 (저작권자와 맺은 특약에 따라 검인을 생략합니다)
ISBN 978-89-6570-039-5(04370)
세트 978-89-6570-040-1(04080)

• 잘못된 책은 바꿔드립니다.   • 책값은 뒤표지에 있습니다.

쌤앤파커스(Sam&Parkers)는 독자 여러분의 책에 관한 아이디어와 원고 투고를 설레는 마음으로 기다리
고 있습니다. 책으로 엮기를 원하는 아이디어가 있으신 분은 이메일 book@smpk.co.kr로 간단한 개요
와 취지, 연락처 등을 보내주세요. 머뭇거리지 말고 문을 두드리세요. 길이 열립니다.

10체질을 알면 교육이 보인다

· 김대원 지음 ·

쌤앤파커스

1 목양체질의 아이
타고난 보스기질과 경쟁심리를 잘 살려주자 · 16

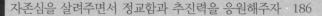

자녀교육의 도道,
10체질에 답이 있다

《10체질을 알면 성공이 보인다》에서 알아보았듯이 10체질의 기본정신은, "사람은 몸으로 사는 것이 아니라 마음으로 살고, 사람은 살덩어리가 아니라 마음덩어리다."라는 것이다. 인간의 '마음'에는 우주의 질서가 담겨 있고, 10체질은 결국 '마음'을 다스리는 데서 출발한다.

10체질에 대해서 다시 한 번 간단히 정리해보면 다음과 같다. 흔히들 '체질'이라고 하면 육체적인 것만을 떠올리며 건강이나 질병과 관련시키려고만 한다. 하지만 이는 옳지 못한 접근이다. 동양의학에서는 몸과 마음이 서로 분리되어 있는 것이 아니라 사실상 아주 긴밀하게 연결되어 있는 동일한 개체로 보기 때문이다. '감정'이라는 것도 결국은 인간의 오장육부五臟六腑를 통해 만들어진다.

필자는 '체질'을 '몸의 생리적 성질' 정도로만 설명하는 기존 체질론에서한 발 더 나아가, 다음과 같이 정의해보았다.

"체질이란 개개인의 특성 중 유사한 부분을 모아서 조합한 것이다."

여기서 말하는 특성이 바로 몸과 마음의 장단점이다. 결국 '체질'을 정확히 안다는 것은 자신의 몸과 마음을 스스로 조절할 수 있다는 뜻이다. 그리고 그 조절이 가능할 때, 자신의 운명을 올바른 방향으로 인도할 수 있을 것이다.

필자는 20여 년간의 연구 끝에 "사람의 본성은 자신이 태어난 일시에 해당하는 천지의 음양오행陰陽五行 기운에 의해 만들어진다. 그리고 그 본성이 자신의 성품과 체질의 기초가 된다."는 진리를 터득했다. 그리고 천지를 구성하고 있는 오행, 즉 목木, 화火, 토土, 금金, 수水에 각각 음과 양을 결합시켜 목양, 목음, 화양, 화음, 토양, 토음, 금양, 금음, 수양, 수음으로 체질을 분류하게 됐다.

애초에 10이란 숫자는 음양오행(2×5=10)을 조합하는 데 있어 최소한을 뜻하는 경우의 수였다. 이는 음양오행의 특징을 가장 안정적으로 설명할 수 있는 수이기도 하다. 10가지 중 하나라도 빠진다면 음양오행을 설명할 수 없으며, 그래서 10체질은 10년 전에 검사했든 10년 후에 검사하든, 누가 언제 어디서 하든, 항상 똑같은 결과가 나오는 체질분석법이다.

시간에 따라 자연의 기운은 변화하는 법이다. 마찬가지로 태어난 생년월일시마다 기운의 흐름이 다르다. 인간이 지구에 태어나면서 천기와 지기를 호흡하는 순간, 그 음양오행의 기운에 의해 오장육부의 성쇠가 정해지기 때문이다. 그리고 그 오장육부의 특성은 성격과 체질의 관계에서도 거의 동일하게 작용한다. 10체질은 태어난 생년월일시의 기운이 변화하는 데 따른 내용들을 배속하여 분류한 것이다.

이후 이 10가지 분류를 통해 환자들을 치료해보니 "병이란 마음에서 얻고 마음에서 버리는 것"이라는 10체질의 기본이론에 더욱 강한 확신이 들었다. 이는 천지자연의 법칙을 음양오행으로 접근했기에 가능한 일이었다.

또한 생년월일을 통해 체질을 분류하니 일반인도 쉽게 접근할 수 있고, 각 체질의 품성과 장단점을 파악한 후 이를 바탕으로 진단과 치료를 할 수 있었다. 또한 사회생활과 경제활동, 대인관계, 질병이나 체질에 맞는 음식, 체질 간의 대인관계를 알아보는 것까지 다방면에 활용할 수 있었다.

체질에 따른 세상살이의 도리

자식이 화초처럼 물을 주면 주는 대로 쑥쑥 잘 자란다면 무엇이 문제일까. 하지만 자녀는 기실 부모의 기대나 욕심대로 성장하지 않는다. 부모는 먼저 아이들을 하나의 자립형태소로 이해하고 스스로 타고난 개성과 성향을 가진다는 사실을 정확히 인식해야 한다.

이 책의 내용들은 자녀 교육을 위한 가이드이자 부모 자신을 다스리는 지침서로서, 순리에 맞게 세상을 살아가는 데 적합한 체질에 따른 도리를 일러둔 것이라 여겨도 좋다.

우선 자녀가 가장 좋아하고 잘할 수 있는 분야가 무엇인지, 또 인생을 개척해나감에 있어서 지장을 초래할 수 있는 단점은 무엇인지를 파악하는 것에 집중하기 바란다. 물론 부모의 입장에서 자녀의 장단점을 객관적으로 보기가 어려울 수 있다. 고슴도치도 제 자식은 어여쁜 법이니까 말이다. 때문에 여기에서 제시하는 객관적인 평가 잣대가 바로 체질분석이다. 체질을 보면 타고난 기질과 성향을 제대로 파악할 수 있기 때문에 양육과 코칭에 있어서 수많은 시행착오를 줄일 수 있다.

그런데, 한 가지 중요한 점은 체질을 확인하는 시점이 너무 늦어서는 안 된다는 것이다. 학교에 다니기 시작하고 일단 사회화가 진행되면 아이를 둘러싼 환경에 의해 체질적 성향이 달라질 수 있기 때문이다. 성인들 중에도 자신의 체질적 특성이 무엇인지 정확히 몰라서 원치 않는 일을 하며 살아가는 경우가 많다.

자녀를 올바르게 이끌어주고 싶다면 아이가 어떤 체질적인 특징을 지녔는지 알아야 한다. 그래야만 장점은 키워주면서 단점을 극복할 수 있는 대안을 마련해줄 수 있는 것이다. 이러한 부모의 관심과 노력은 자녀의 단점조차 창의적인 장점으로 만들어줄 수 있다. 게다가 자녀를 이해할 수 있는 마음의 여유가 생기기 때문에 자녀로부터 믿음과 존경을 얻을 수 있으며, 화목한 가정을 꾸리는 데도 큰 도움이 될 것이다.

한편 부모로서 늘 경계해야 할 점이 있다. 자녀에게 다른 체질의 장점을 억지로 강요해선 안 된다는 것이다. 그것은 어울리지도 않는 남의 옷을 입히는 것과 같다. 자녀를 가장 훌륭하게 지도하는 방법은 잠재되어 있는 아이의 체질적 장점을 이끌어내는 것이라는 점을 명심하자.

《10체질을 알면 교육이 보인다》는 각 장마다 10가지 기본체질에 각 체질별 응용체질(과체질, 불급체질, 4가지 복합체질)에 대한 설명을 추가했다. 먼저 아이의 체질이 무엇인지 체크해보자. 응용체질 중 하나라면, 먼저 기본체질을 충분히 숙지한 후 응용체질 중에서 아이의 체질을 찾아서 참고하면 된다. 현재 자녀가 드러내고 있는 체질적 특성이 바람직한지 확인하고, 체질적인 본성과 장점이 가려진 상태라면 부모로서 어떻게 코칭해야 할 것인지에 대해 생각해보자.

우리 아이의 체질을 어떻게 판별할까?

체질판별은 자신이 태어난 생년월일시를 기준으로 한다. 그 정확한 판별은 필자가 운영하는 인터넷 사이트 10체질닷컴(www.10chejil.com)을 통해서 무료로 확인해볼 수 있다.

하지만 사이트에서 체질을 확인하기 전에 기본 편이라 할 수 있는 《10체질을 알면 성공이 보인다》를 꼼꼼히 읽고 자신의 체질이 어디에 해당할 것 같은지를 먼저 스스로 생각해보기 바란다. 자신의 본성은 스스로가 가장 잘 알고 있는 법이다.

10체질은 인간과 자연, 인간과 인간의 관계를 '있는 그대로' 배열한 것이다. 따라서 자신과 자녀의 체질만 쏙 뽑아서 알면 끝이라고 생각하는 조급한 행동은 10체질을 제대로 이해하지 못하는 것이다. 이는 오히려 체질적 특성에 대한 이해의 폭을 좁히는 행동이다. 또한 부모와 자식과의 관계도 앞의 책에서 자세히 설명한 체질별 인간관계의 원리에 비추어 생각해볼 수 있다.

체질을 안다는 것은 본성을 회복하고, 그에 맞게 '바로 세운다'는 뜻이다. 몸 안에 있는 인체의 기능들을 바로 세우면 건강이 찾아올 것이고, 자신이 가진 장점을 바로 세우면 성공에 가까워질 것이다. 또한 타인의 장점을 바로 세우면 조화로운 인간관계까지 형성할 수 있다. 바로 세우기 위해서는 바르게 알아야 한다. 또한 바르게 알기 위해서는 바르게 생각해야 한다. 바른 생각이 많이 아는 것보다 우선이다.

자녀를 바른 길로 이끌기 위해서는 체질적 장점을 개발시켜주고 단점은 극복할 수 있도록 돕는 게 우선이다. 《10체질을 알면 성공이 보인다》를 정독한 후 10가지 기본체질과 60가지 응용체질을 전체적으로 이해하고 나서, 체질을 판별해보고 이 책에서 소개하는 내용을 자녀에게 적용해보기 바란다.

一

목양체질의
아이

타고난 보스기질과
경쟁심리를 잘 살려주자

木陽體質

목양체질의 성품 :
햇빛과 물, 흙만 받쳐주면
크게 자랄 재목감이다

목양체질은 보스기질을 가진 큰 나무다. 큰 나무가 잘 자라려면 햇빛과 물, 흙의 양분이 필요하듯이 목양체질의 아이는 주위의 도움으로 크게 자랄 수 있는 유형이다. 기본적인 특징은 다음과 같다.

한 번 목표를 정하면 오로지 그것에만 몰두한다

자칫 집중력이 지나치면 주위 상황을 간과해 사고가 생길 수 있다. 예를 들어 목양체질의 아이들은 가지고 놀던 공이 차도로 굴러가면 공을 쫓아가기에만 바빠서 좌우를 살피지 않는다. 차가 오는지, 자전거가 지나가는지 둘러보기는커녕 빵빵거리는 경적소리도 듣지 못해 사고가 생기기 쉽다는 것이다. 단순히 '어려서 그렇겠지' 하고 예사로 넘기지 말고, 매사에 주위를 잘 살펴야 한다는 것을 단단히 일러두어야 한다. 하늘을 향해 자라는 나무처럼 한 가지 목표에 집중하는 것도 좋지만, 외골수가 되지 않도록 주위를 둘러보고 점검하는 습관을 가지도록 지도해주면 실수를 줄일 수 있다.

그늘진 곳에 있으면 제대로 자랄 수 없다

나무는 햇빛을 봐야 단단하게 자랄 수 있다. 태양빛을 받아 마음껏 광합성을 하고 쑥쑥 자라려면 숲에 있는 여러 그루의 나무들 중에서도 가장 키가 커야 유리하다. 본능적으로 그 점을 잘 알고 있는 목양체질의 아이들은 주위에 자신보다 더 큰 나무가 있으면 그 나무를 경계하고 못마땅하게 생각한다. 가장 큰 나무가 되어야 햇빛을 많이 받을 수 있다는 것을 잘 알기 때문에 경쟁에서 지는 것을 싫어하고, 어디서든 우두머리가 되고자 하는 보스기질이 강하다.

만약 목양체질인데도 앞에 나서길 싫어하거나 우두머리가 되고자 하는 의지가 없다면, 부모가 더욱 신경을 써서 아이를 위축되게 만든 원인이 무엇인지 알아봐야 한다. 자신감을 회복시켜주면 어디서든 앞에 나서서 큰 몫을 해낼 수 있기 때문이다. 무슨 이유 때문이든 자신감을 잃어버린 목양체질은, 오히려 본성과 다르게 비굴하고 나약한 모습을 보일 수도 있다. 때문에 항상 '잘할 수 있다'는 말로 격려해주고 자신감을 키워주어야 한다.

하지만 자신감이 지나쳐 자만심으로 보이는 것은 경계해야 한다. 목양체질은 잘못하면 '거만한 사람'으로 오해를 받을 소지가 있기 때문에 예의범절에 신경 쓰는 것이 중요하다. 태양은 곧 예의를 상징하기 때문에, 나무에게 햇빛을 보여준다는 것은 행동에 예의와 겸양을 갖추는 것과 같다. 나무를 비추는 따스한 햇빛처럼, 목양체질에게는 바른 언행과 부드러운 말씨가 필수적이라는 뜻이다.

목양체질의 아이가 예절교육을 제대로 받지 않으면 똑같은 실수를 해도 다른 체질의 아이들에 비해 훨씬 더 버릇없어 보이고 안하무인으로 부각되어 보일 수 있다. 하지만 인사를 잘하거나 주위 사람을 따뜻하게 품어주는 온화한 말투를 가지면 대인관계에서 더 큰 이득을 얻을 수 있다. 버릇이 없다면 태양을 만나지 못하는 것이므로 다른 체질에 비해서 더더욱 예의바른 태도에 신경 써야 한다.

한 번 뿌리를 내리면 쉽게 옮겨 다니지 않는다

나무는 자주 옮겨 심으면 잘 크지 않거나 일찍 죽어버린다. 하지만 한곳에 정착하면 뿌리를 깊이 내리고 단단히 자리를 잡는다. 그래서 목양체질은 되도록 어릴 때 적성을 빨리 파악해서 한 우물을 파도록 도와주는 것이 좋다. 또한 너무 많은 것에 두루두루 흥미를 가지면 그만큼 손해를 볼 수 있다. 그러니 여기저기 자주 옮겨 다니지 말고 하나에 집중할 수 있도록 중심을 잡고 옆에서 지지해주는 것이 좋다.

대개 목양체질은 여기저기 돌아다니는 것을 피곤하게 생각하고 좋아하지 않는데, 만약 돌아다니길 좋아하고 집중력이 없다면 자신이 가진 목양체질의 좋은 기운이 드러나지 않은 상태라고 볼 수 있다.

나무가 뿌리 내리는 곳은 '흙'이 있는 곳이다

'흙'이란 '돈'을 의미하는 것으로, 나무의 뿌리가 흙을 향해 뻗어나가듯 목양체질은 흙만 보면 자기 것으로 만들고 싶어 한다. 이처럼 목양체질은 돈에 대한 욕심도 많고 우두머리 기질도 있어서 사업을 하는 것이 맞다. 단, 돈에 대한 욕심이 집착으로 이어지지 않도록 하기 위해서는 어려서부터 올바른 경제관념을 확실히 가르칠 필요가 있으며, 삶에서 돈이 갖는 의미를 진지하게 생각해볼 기회를 마련해주는 것도 좋다.

목양체질의 남자아이라면 동성친구들에게 '인색하다'는 평을 듣거나, 돈 때문에 의가 상할 수 있지만, 여자친구에게는 후한 편이다. 남자에게 있어서 여자도 흙에 해당하기 때문인데, 그래서 목양체질의 남자아이들은 어려서부터 이성친구에게 관심이 많고 그 방면으로 빨리 눈뜨는 경향도 있다. 이성에 대한 관심이 과도해 보인다면, 터놓고 대화를 나누거나 좋은 책이나 글을 읽도록 해서 이성교제를 건전한 방향으로 유도하는 것이 좋다.

목은 오행의 시작이며 봄을 의미한다

오행 중에서 목은 '시작'을 의미한다. 시작은 계획을 뜻하기도 하는데, 무릇 계획이 있어야 시작을 할 수 있고, 계획을 얼마나 잘 세우느냐는 일의 능률과 결과에도 막대한 영향을 준다.

장기적인 것이든 단기적인 것이든 목양체질은 계획을 세우는 일에 머리가 잘 돌아가므로 일을 기획하는 능력이 탁월하다. 물론 계획을 잘 세운다고 해서 실천도 잘한다고 보장할 수는 없다. 계획에 따라 실천을 하고 안 하고는 자신의 노력 여하에 달려 있음을 잊지 말아야 한다.

계획만 번듯하게 세우고 끝난다면 자신의 장점을 아깝게 낭비하는 셈이다. 그래서 목양체질의 아이에게는 실천의지를 갖도록 부모가 독려해줄 필요가 있다.

목양체질의 코칭팁 :
한 가지에 몰입하는 장점을
최대한 키워주어라

목양체질의 아이는 집중력이 좋기 때문에 한 가지를 깊이 파도록 도와야 한다. 관심거리가 생기면 지속적으로 몰입하는 스타일이므로, 늘 눈여겨보면서 어떤 분야에 집중하는지 알아두면 도움이 될 것이다. 다음과 같은 코칭 팁을 염두에 두자.

- 경쟁 속에서 성장하지만 지나치게 벅찬 상대라면 경쟁을 시키지 않는 편이 좋다. 마음만 다치게 할 수 있다.
- 계획을 잘 세우는 장점을 가지고 있다. 그러나 시작만 거창하고 끝이 흐지부지한 용두사미가 되지 않도록 주의하자.
- 추진력은 터보엔진급이다. 혼자만 너무 빨리 가버리지 않도록 주위를 잘 챙겨야 함을 주지시키자.
- 하나에 집중하게 한다. 자주 옮기는 것은 시간과 에너지 낭비가 크다.

- 욕심을 줄여라. 욕심은 눈을 멀게 한다.
- 결과에 집착하지 마라. 결과에 대한 집착은 인간미의 상실을 부른다.
- 항상 초심을 기억하라. 그렇게 하면 절대 마무리하는 데 게으르지 않을 것이다.
- 예의가 없다면 태양을 보지 못하고 그늘에서 자라는 나무와 같은 상황이 된다. 거목으로 성장할 수 없다.
- 소심한 아이라면 만만한 상대와 경쟁하게 하여 성취욕을 북돋워줘라.

독불장군이지만 칭찬에 약하다

진취적이고 의욕적인 기질을 가진 목양체질의 아이들은 에너지가 왕성하고 추진력이 강해서 뭔가 새로운 것을 시도하길 좋아한다. 하지만 자신의 주장이 받아들여지지 않으면 상당히 불쾌해하며, 독선적인 태도로 상대방을 아예 무시해버리기도 한다.

그래서 목양체질의 아이들에게는 무슨 일이든 일단 "네 말이 맞아.", "네가 최고야." 하고 호응해주는 것이 좋다. 먼저 긍정적인 반응을 보인 후에 보완해야 할 사항이나 잘못을 지적해주면 효과적이다. 자신의 의견에 호응해주는 사람에게는 강한 호감을 보이며, 뭐든지 해주고 싶어 하기 때문이다.

목양체질은 우두머리 기질을 타고났지만, 간혹 어떤 이유로 인해 본성을 드러내지 못하고 심하게 위축될 수 있다. 이런 경우 사소한 일에도 자주 칭찬을 해주고 관심을 보여서 자신감을 북돋워주어야 한다.

또한 목양체질은 물질에 약한 편이라서 선물 받기를 좋아한다. '선물'이란 자신이 누군가에게 관심의 대상이 되었다는 의미이기 때문에 그런 식으로 확인 받고 싶은 것이다.

아이가 약속을 잘 지켰다거나 목표를 달성했을 때, 칭찬과 함께 작은 선물을 준비한다면 더욱 잘하려고 노력할 것이다.

경쟁을 유도하면 거북이 될 수 있다

목양체질에게 가장 효과적인 학습방법은 친구들과의 경쟁을 유도하는 것이다. 원래 목양체질은 승부욕이 강하고 '지고는 못 사는' 편이라 경쟁에서 밀리는 것을 못 참는다. 그래서 혼자 공부하기보다는 형제자매나 친구들과 경쟁하면 성적이 향상되고 실력도 올라갈 가능성이 크다. 딱히 공부를 잘하고 싶다고 생각하지 않았던 아이도, 경쟁자가 자기보다 더 잘하면 그 꼴을 보기가 싫어서 더 열심히 하는 것이다.

단, 이때 유의할 점은 경쟁 자체가 목적이 되어서는 안 된다는 점이다. 경쟁을 통해 자연스럽게 자신감과 실력을 키워나가게끔 유도해야 한다. 경쟁에만 목숨 걸다 보면 아이도 금방 지치고, '왜 공부를 해야 하는가'라는 본질을 망각할 수 있다.

일단 아이의 실력을 제대로 판단한 후에 비슷비슷한 수준의 친구와 경쟁하도록 분위기를 조성해주면 좋다. 그런데 자칫 실력 차이가 너무 크게 벌어지는 월등한 상대와 경쟁을 시키면 오히려 안 좋은 결과가 생길 수 있다. 목양체질의 아이들은 자존심이 대단히 세고, 구부리느니 부러지는 쪽을 택하기 때문에, 애초에 경쟁이 안 되는 막강한 상대를 만나면 그나마 있었던 의욕도 꺾이고 도리어 엉뚱한 방향으로 엇나갈 위험이 있다.

목양체질에게 경쟁에서 진다는 것은 무척 기분 나쁘고 자존심 상하는 일이다. 그러니 처음부터 이길 수 없을 것 같은 상대를 만나면 자신이 부족해서 진 게 아니라 노력하지 않아서 진 것이라고 포장하기 위해 아예 공부를 멀리할 수도 있다.

그렇다고 해서 자존심을 지켜주기 위해 목양체질의 아이를 품안에서만 키운다면 먼 훗날 가슴을 치며 후회할 날이 올 것이다. 바람직한 경쟁은 아이를 거목으로 키워준다는 것을 명심해두자.

자신감을 잃은 목양체질 아이라면 먼저 소소한 목표를 정해 달성하게 하거나, 비교적 쉬운 경쟁에서 승리를 경험하게 해줌으로써 단계적으로 자신감을 회복시켜주는 것이 중요하다. 너무 오래 처져 있지 않도록 조치를 취하자. 소소한 승리의 경험을 몇 번 반복하다 보면 내재된 승부근성이 깨어나 점점 의욕을 되찾게 될 것이다.

건강을 보호해주거나 치료에 이로운 색 : 붉은색
기운을 북돋워주거나 공부에 이로운 색 : 검은색
건강을 위해서 피하는 것이 좋은 색 : 흰색
공부할 때 이로운 방향 : 북쪽

목양체질의 진로와 적성 :
타고난 보스기질로 큰 사업도 거침없이 해나간다

목양체질의 인물로는 나폴레옹, 아인슈타인, 코페르니쿠스, 더글러스 맥아더, 엘비스 프레슬리, 제임스 카메론 등을 꼽을 수 있다.

나폴레옹은 결단력이 있고 야심이 큰 목양체질의 특징을 잘 보여주는 인물이며, 아인슈타인이나 코페르니쿠스는 한 분야에 몰입하는 집념과 추진력, 굽히지 않는 목양체질 특유의 소신을 보여준다.

또한 맥아더 장군은 고압적이고 도도하며, 이기적이고 잘난 체하는 사람으로 알려졌지만, 그가 가진 목표에 대한 집중력과 저돌적인 근성, 탁월한 기획력은 목양체질의 장점이라 할 수 있다. 마찬가지로 '아바타', '타이타닉' 등을 만든 영화감독 제임스 카메론 역시 스케일이 큰 일을 추진력 있게 밀어붙여 성공시키는 사업가적 통찰력을 가졌는데, 전형적인 목양체질의 기질을 잘 발휘한 셈이다.

추진력과 보스기질이 강하다

목양체질은 보스기질이 강한 데다 돈에 예민한 편이어서 장차 사업가가 될 성향이 두드러진다. 기본적으로 활동적이고 경쟁심이 강하기 때문에 직장생활보다는 자영업 쪽이 어울린다고 볼 수 있으며, 특유의 추진력은 큰 사업도 감당해낼 수 있다.

그러나 누군가 자신의 의견을 받아들여주지 않으면 금방 흥미를 잃고 다른 곳으로 눈을 돌리기 쉬운 성격이라 무슨 일이든 결정을 내리기 전에 최대한 신중하게 처신할 필요가 있다.

나무는 자주 옮겨 심으면 뿌리를 제대로 내리지 못해 죽을 수도 있다. 되도록 한 우물을 파되 쉽게 싫증내지 않도록 처음부터 계획을 치밀하게 짜고 실행에 옮기는 게 좋다. 일을 추진하는 데 능한 체질이지만 정작 어려울 때 뒷감당을 하지 못하는 경우도 있으므로 주의해야 한다.

항상 발밑을 확인하는 습관을 가져라

강한 승부욕을 잘 이용한다면 사업에서 크게 능력을 발휘할 수 있지만, 한번 실패를 경험하면 재기하기 어려울 만큼 큰 타격을 입을 수도 있으니 항상 주위를 돌아보고 발밑을 확인하는 습관을 들여야 한다.

직업은 귀금속이나 액세서리 등과 관련된 일을 제외하고 어느 분야에서든 실력을 발휘할 수 있다. 체질적으로 어질고 순진한 성향이 있고, '목'은 '인생의 시작'과도 관계가 있으므로 유아, 청소년을 위한 교육사업도 적성에 맞는다.

적성 분야 - 인문 계열, 교육 계열, 의약학 계열, 언론정보학과, 고고학과, 한의학과, 육군, 공군, 의상학과, 건축학과, 토목학과, 원예학과, 천문학과, 디자인학과 등.

목양과체질 :
자기주장만 내세우는 '독선적인 사람'이 되어서는 안 된다

기본 목양체질처럼 큰 나무의 특징을 가지고 있지만, 기본체질보다 더 큰 나무라고 생각하면 된다. 나무가 더 커지다 보니 비바람에 맞서려는 성향도 좀 더 강해졌다.

누군가가 자신의 영역을 침범하는 것을 용납하지 못한다

목양과체질은 누군가가 자신의 영역을 침범하는 것을 용납하지 못한다. 기본 목양체질보다 더 강한 목양의 성향이 드러나기 때문에 때때로 과도하다 싶을 만큼 욕심이 크다. 하지만 스스로를 얼마나 잘 통제하느냐에 따라 그 욕심은 오히려 장점이 될 수도 있다. 목표에 대한 집중력이 좋다는 것은 장점으로 여겨도 무방하나, 오로지 목표만 보고 달리느라 주위의 다른 것들은 도외시하게 되어 문제가 생길 수 있다. 무슨 일이든 과하면 부족함만 못하다.

목양과체질의 아이는 정도[正道]를 잘 지키도록 지도해야 할 것이다.

앞만 보고 달리다가 놓쳐버린 것들에 대해 알게 되면, 그제야 안절부절못하여 일을 그르치기 쉽다. 아울러 다른 사람을 설득하는 과정에서 지나치게 자기주장만 내세워서 '독선적인 사람'이라는 평가를 들을 수도 있다. 주위를 꼼꼼히 점검하는 버릇을 가지도록 지도해야 하겠다.

남을 밟고서라도 높이 올라서려는 기질이 강하다

더 많은 햇빛을 받아들이기 위해 가장 높은 곳을 향해 가지를 뻗치다 보니 주위 사람을 향한 질투심이 상대적으로 드세다. 우두머리 기질도 특히 강하기 때문에 다른 사람 밑에서 오래 일하기는 어렵다.

만약 체질적 성향과는 다르게 남들 앞에 나서길 싫어하고 우두머리가 되고자 하는 의지가 없는 아이라면 부모가 좀 더 신경을 써야 할 것이다. 자신이 가진 강한 욕구를 내면에 숨겨두고 행동으로 표출하지 않는 것이기 때문에 가슴속에 응어리가 있을 수 있다. 이러한 억압적인 상황이 정서적으로 문제를 일으킬 수도 있으니 아이를 위축되게 만드는 이유를 반드시 찾아서 해결해주어야 한다.

결론적으로, 목양과체질의 아이에게는 '적당한 욕심'을 가질 수 있도록 해주는 것이 좋다. 혼자 하는 것보다, 자기 수준과 비슷한 친구들과 경쟁을 시킴으로써 아이가 능동적으로 발전에 대한 욕구를 깨닫게 하는 것이 효과적이다. 단, 이때 수준 차이가 너무 많이 나지 않는 친구와 경쟁을 시키는 것이 좋겠다. 그렇지 않으면 시작도 하기 전에 체념하게 되므로 오히려 의욕을 떨어뜨리는 결과를 초래하게 될 수도 있다.

나무가 태양을 봄으로써 활기를 되찾듯, 실의에 빠진 목양과체질 아이들에게 태양을 보여주는 것도 현명한 방법이다. 여기에서 말하는 태양은 바른 언행과 부드러운 말씨, 인사 잘하기 등 태도를 정비하는 것이다. 목양체질보다 성향이 더 강하게 나타나는 체질이므로 버릇이 없다거나, 염려했던 일련의 단점들이 드러난다면 다른 체질보다 더 신경을 써서 고치도록 해야 한다.

쓸데없이 옮겨 다니면 운도 따르지 않는다

나무는 한 번 뿌리를 내리면 터를 옮기는 일이 거의 없다. 마찬가지로 목양과체질은 돌아다니는 것을 좋아하지 않으며 한 가지에 몰입하면 아무도 못말린다. 반대로 심취할 만한 분야를 발견하지 못했을 때는 쓸데없이 돌아다니거나 방황하기 십상이다. 이렇게 되면 주관도 희미해지고 운도 따르지 않게 된다. 특히 목양과체질은 변동이 잦을수록 크게 손해 볼 수 있다. 빨리 적성을 파악해서 한 우물을 파도록 도와주자.

뿌리가 흙을 움켜쥐듯이 재물 욕심이 많다

기본체질에서 설명했듯이, 흙이란 재물을 의미한다. 뿌리가 흙을 움켜쥐듯 재물에 대한 욕심이 과하다는 것이다. 흙이 많아야 뿌리가 더 튼튼해지는 것이 사실이니 이러한 성향이 득이 될 수도 있겠지만 기본체질에 비해 그 정도가 심하게 나타나므로 경계하는 것이 좋다.

요컨대, 목양과체질은 지나친 경쟁으로 인한 질투심을 경계하는 것이 가장 중요하다. 질투심이 앞서면 판단력이 흐려지고 일을 그르치기 쉽다. 또한 미리 포기해버리거나 돈에 대해 집착하는 것, 이성에 대한 지나친 관심 등이 특히 주의해야 할 사항이다.

목양불급체질 :
약해진 집중력과
경쟁심리를 키워주자

목양불급체질은 큰 나무보다는 작은 나무의 특징을 생각해보면 이해하기 쉬울 것이다. 불급체질은 근본적으로 체질적 성향이 기본체질보다 약하게 드러난다. 하지만 불급체질이라고는 해도 천성적으로 기본체질의 성향을 그대로 가지고 있다. 기본체질과 불급체질을 두부 자르듯이 정확히 나눌 수는 없기 때문에, 일단 기본체질의 성향을 숙지한 후 추가된 내용을 읽어보기 바란다. 불급체질의 성향이 지나칠 경우에 일어날 수 있는 문제들에 대해 알아보도록 하겠다.

하늘을 향해 커야 한다

목표가 정해지면 그것만 보고 가는 집중력이 있어 좋으나 그 집중력이 지나친 경우에는 주위에 있는 것들을 놓치게 된다. 목양불급체질은 기본체질에 비해 집중력이나 경쟁심리의 강도는 약한 편이라고 할 수 있다. 무조건 앞만 보고 돌진하다가 저지르는 문제점은 다소 적어진 상태라서 실수가 많지는 않다.

태양을 봐야 더욱 튼튼해진다

기본 목양체질은 태양빛을 받기 위해 진력을 다해 자라는 나무에 비유할 수 있다. 하지만 기본체질의 이런 적극적이고 진취적인 기질과는 다르게 불급체질은 스스로 뻗어나가기보다는 현실에 안주하고 환경에 적응하려고만 하는 성향을 보인다.

기본체질은 가장 높이 자라야 한다는 것, 우두머리가 되어 앞서 나가야 한다는 기질이 강하지만, 목양불급체질은 앞에 나서길 싫어하고 리더가 되고자 하는 의지가 별로 없다. 이런 경우는 부모가 더욱 신경을 써서 위축되어 있는 부분을 찾아 보충해주거나 건강에 문제가 없는지 체크해보는 것이 좋다.

주위의 도움을 받지 못하고 방치될 경우, 아이 스스로 빠져나오는 힘이 약하기 때문에 매사에 소극적이고 자신감이 없거나 눈치를 보는 아이가 되기 쉽다. 항상 '넌 잘할 수 있어'하고 말해주어 자신감을 키워주는 것이 중요하다.

목양불급체질의 아이들은 내심 앞에 나서서 멋지게 경쟁하고 또 거기서 이기고도 싶지만 자신감이 없는 탓에 행동은 정반대로 하는 경우가 많다. 뒤로 숨거나 상황을 회피하려고 도망치기 바쁘다.

목양체질들은 혼자 무엇을 하기보다는 친구들과의 경쟁을 통해 발전을 도모하는 것이 효과적인데, 그중에서도 목양불급체질이라면 자기 수준과 비슷한 친구들보다는 상대적으로 낮은 레벨에 속하는 아이들과 공부하면서 자신감을 키워주는 것이 더 이롭다고 할 수 있다. 반대로 자신보다 수준이 높은 친구와 경쟁을 시키면 처음부터 의욕을 잃어버리고 주눅이 들 수 있으며 결과적으로 다른 면까지도 악영향을 준다.

집중하는 대상을 바꾸면 손해가 크다

나무는 본래 움직이는 것을 싫어한다. 하지만 작은 나무에 속하는 목양불급체질은 뿌리가 깊지 않아 싫증을 잘 낸다. 그래서 한 가지에 푹 빠져들지 못하는 성향을 지녔다고 볼 수 있다. 물론, 장점이라고 볼 수는 없다. 그러므로 목양불급체질은 적성을 빨리 파악해서 한 우물을 파는 것이 좋으며 자꾸 옮겨 다니거나 집중하는 대상을 바꾸는 만큼 손해가 커진다는 것을 알아둬야 한다. 나무는 크든 작든 자주 옮겨 심으면 잘 크지 않거나 죽어버려 제 역할을 할 수 없다는 것 역시 명심하자.

목양복합화체질 :
명석함과 표현력을 겸비한
걸출한 인재로 자랄 수 있다

　목양체질에 복합화체질이 더해진 목양복합화체질은 리더의 기질과 함께 뛰어난 표현력을 겸비했다. 대체로 친구들에게 인기가 많지만 수다스러운 면 때문에 언쟁을 자주 겪을 수 있다. 때로는 주변 환경을 고려하지 않고 맹목적으로 일을 추진하는 성향을 보이기도 하는데, 때문에 간단한 일조차 그르칠 수 있다.

　아무리 표현력이 좋아도 발전시키지 않으면 좋은 결과물을 얻어낼 수 없다. 학과공부뿐만 아니라 사회생활에서 활용 가능한 일련의 공부들로 무장하고 타고난 표현력을 발휘한다면 성공으로 가는 걸음에 속도를 더할 수 있겠다.

　목양복합화체질을 가졌음에도 우두머리 기질을 제대로 발휘하지 못하는 경우라면 아이가 위축되어 비굴해질 수 있으므로 부모가 자신감을 키워줄 필요가 있겠다. 또한 다소 수다스러운 면을 보이거나 다툼이 많다면 그 역시 우두머리의 기질을 올바르게 펼치기 어려워서 벌어지는 일이므로 따르는 이가 줄어들 것이다. 깊이 생각하지 않고 일단 일을 벌이고 보는 성향도 경계해야 할 것이다.

결론적으로 말하자면 목양복합화체질의 아이는 명석한 두뇌를 어떻게 활용하느냐가 관건이겠다. 겸양을 키우고 지식을 충분히 쌓아 표현력과 주도면밀함을 겸비한다면 걸출한 인재로 성장할 수 있다. 그러기 위해서는 주변 사람들의 관심이 필요하다.

목양복합토체질 :
차근차근 공부하는 것으로
집중력과 실력을 쌓자

목양체질과 복합토체질의 결합으로, 이 체질의 아이는 공부를 하려고 해도 집중이 안 되거나 공부한 만큼 결과가 나오질 않아서 흥미를 잃어버릴 수 있다. 이런 현상은 고학년으로 갈수록 심해지는데, 성적이 떨어지기 시작하면서 분발하기보다 아예 공부에 대한 관심을 놓아버리고 포기하게 되어 생긴 결과다.

목양복합토체질은 먼저 자신의 능력을 가늠해보고 가능성이 보이는 일에 의욕을 보이는 편이다. 노력을 했다면 어떤 식으로든 기대한 성과가 나와야 하는데 그렇지 않으면 관심조차 없어진다. 때문에 노력 또한 불규칙적일 수밖에 없다.

차근차근 공부를 하는 것으로 실력을 쌓는 훈련을 시켜주어야 한다. 때에 따라서 약속한 목표를 달성하면 작은 선물을 주는 것으로 동기를 유발하는 것도 좋다. 무엇보다도 노력에 대한 정직한 결과가 아니라 단기적인 요행을 바라는 사고방식은 성인이 되어서도 문제를 일으킬 수 있으므로 마음 자체를 올곧게 다잡아주는 것이 중요하다.

또 한 가지 알아두어야 할 것은 이성친구 문제다. 목양복합토체질은 비교적 이른 시기에 이성친구를 사귈 수 있는데, 이성교제 때문에 학업에 소홀해질 우려가 있으므로 세심하게 관찰하고 건전한 방향으로 유도해야 할 것이다.

목양체질은 기본적으로 사업가적 기질이 다분하다. 그러므로 목양복합토체질도 교우관계를 돈독히 하며 사려 깊게 행동하도록 이끌어주고 올바른 경제관념을 심어준다면 목양체질 특유의 강력한 추진력을 바탕으로 원하는 바를 성취할 수 있을 것이다.

목양복합금체질 :
바른 생활의 모범,
혼자 있어도 규칙을 잘 지킨다

　목양체질과 복합금체질의 결합으로, 이 체질은 어릴 때부터 잔병치레를 많이 하는 경향이 있다. 복합금체질이 결합됨으로써 무슨 일을 하든지 목양체질의 단점이 보완되는 경향도 있다. 또한 금체질의 영향으로 바른 생활을 하며 주위에 아무도 없어도 정해진 규칙을 잘 지킨다. 자신을 가치 있는 작품으로 만들고자 하는 욕구가 크고, 이는 이름이 알려지게 되거나 관직에 나갈 수 있음을 뜻하는 것이다.

　이런 아이들은 오히려 부모에게 잔소리를 하기도 한다. 워낙 옳은 소리만 하기 때문에 잔소리를 듣는 부모로서도 딱히 반박할 말이 없다. 그런데 복합금체질이 어정쩡하게 결합되면 나무를 훌륭한 작품으로 만들어주는 것이 아니라, 오히려 나무에 흠집만 내는 꼴이 되므로 옳은 소리가 잔소리로 변하게 되면 남들이 짜증스러워할 수도 있다.

　이처럼 목과 금의 결합이 좋은 것인지 아닌지는 생활하는 모습에서 알아볼 수 있다. 대화를 해보면 합리적이고 충분히 수긍이 가는 성향을 보이는 경우가 있는데, 이는 좋은 결합임을 말해주는 것이다.

다만, 한 가지 걱정스러운 점은 건강문제로 고생하는 경우가 많으며, 사고로 인해 몸을 다치는 경우가 남들보다 많다는 것이다. 사소한 일만 생긴다면 걱정이 없겠지만, 큰 사고로 이어지면 모든 것이 허사가 되므로 건강과 안전에 특히 주의해야 한다.

목양복합금체질에게는 수의 기운이 가장 이롭다. 오행의 순환구조로 보면 수의 기운이 금의 기운을 자신의 것으로 만들어주기 때문이다.

평소에 친구들과 잘 어울리는 것이 좋으므로 같이 노는 시간을 마련해주는 것이 좋고, 부모의 조언은 황금과도 같으므로 대화를 많이 해서 자연스럽게 전달되도록 하는 것이 좋다.

또한 예절에 대한 교육도 반드시 필요하다. 예의 바른 태도와 항상 웃는 얼굴은 화의 기운인데 자신을 다치게 할 수 있는 금의 기운이 많은 체질이므로 화의 기운을 키워서 금을 억제해주면 금의 날카로운 기운을 피해갈 수 있다. 그러므로 목양복합금체질은 특히 더 예의를 잘 지키고 항상 웃는 얼굴을 하도록 신경 써주어야 한다. 그러면 건강과 명예에 언제나 파란불이 켜질 것이다.

결론적으로 이 체질에게는 수의 지혜로움과 항상 몸을 낮추는 겸손함을 배우는 것이 성적을 향상시키고 건강을 지켜주는 최고의 힘이 된다. 원래 목체질은 돈에 민감하지만 복합금체질이 있으므로 금에 해당하는 명예 또한 무시할 수 없을 정도로 중시한다. 그래서 명예와 정의를 지키려고 노력한다.

목양복합수체질 :
기회가 있을 때마다 남들 앞에 나서도록 도와주자

목양체질과 복합수체질이 결합된 이 체질은 물에 잠겨 있는 나무의 형상이다. 생각이 지나치게 많아서 스스로 그것에 시달리는 형국이다. 생각의 물에서 헤어나려면 화의 기운으로 오행을 순환시켜야 하므로 목양복합수체질의 아이는 무슨 일을 하든 부지런해야 하고, 기회가 있을 때마다 남들 앞에 나서는 습관을 가지는 것이 좋다. 그렇게 함으로써 '표현력 부족'이라는 결점을 채워나가고 화의 기운을 발전시킬 수 있다. 또한 화의 기운은 정열을 의미하므로 다이내믹한 취미활동(벨리댄스나 에어로빅, 배드민턴, 탁구처럼 운동량이 많은 것)을 시작하면 좋다.

한 가지에 깊이 파고들어 정통한 분야는 없고 전체적으로 조금씩 잡다하게 아는 단점이 있다. 때문에 한 가지 전문 분야에 정통하거나 거기에 집중하기가 쉽지 않을 수도 있다. 잡다하게 아는 것은 많은데 정작 써먹으려고 할 때는 쓸 만한 것이 없다. 한 가지 전공분야를 계속해서 이어가는 경우가 드물며, 이러한 경향은 시간이 지날수록 심해진다. 머릿속에는 분명히 아는 것도 많고 의지도 있는데, 밖으로 표현이 되지 않아서 문제가 생기는 경우다.

공부를 하려고 마음은 먹었지만, 막상 결과는 마음처럼 나오지 않으니 답답할 따름이다. 이런 일이 반복되면 점점 공부에 흥미를 잃게 된다. 목양복합수체질은 지독하게 공부해서 성공하는 타입은 아니다. 공부를 많이 하려고 애쓰는 것보다 표현력을 길러주는 것이 더 좋다. 시험의 결과도 공부한 것에 대한 표현의 결과이기 때문이다.

분명히 공부를 열심히 했는데 결과가 항상 신통치 않다는 게 목양복합수체질 아이들의 문제다. 전부 그런 것은 아니지만 대부분 그렇다. 결과가 좋게 나오고 공부도 취미에 맞으면 크게 성공할 가능성이 있으므로 기대해도 좋다.

목양복합수체질 아이들은 부모의 조언을 귀찮아하는 경우가 많고, 부모의 말을 잔소리로 여겨 부모가 참견하는 것을 너무나 싫어한다. 실제로 이 아이들에게는 부모의 도움이 득이 되는가 하는 점도 의심스럽다.

물에 떠다니는 나무의 형상이니 불의 기운으로 물의 기운을 뽑아내는 것이 순리다. 그래야 물에 떠 있는 나무가 땅에 뿌리를 내려 안정을 찾을 것이다. 불의 기운이란, 예의와 표현력이다. 말할 때는 예의 바르고, 또박또박 분명하게 발음하고, 항상 미소로 사람을 대하는 것이 화의 기운을 상승시키는데 좋다.

목양복합수체질은 노력에 비해서 얻는 것이 적은 경우가 많기 때문에, 특히 더 부지런해야 한다. 밥을 지나치게 많이 먹어서 움직일 수 없을 정도로 배부른 상태에 비유할 수 있기 때문에 이 체질을 가진 사람들은 많이 움직이는 것이 이롭다. 한 자리에 가만히 머물면서 멍하게 시간을 보내면 돌아오는 것이 없다. 일도 가만히 앉아서 하는 일은 발전 가능성이 없다. 부지런히 움직일 수 있는 일을 해야만 스스로도 재미가 있고 결과물도 쉽게 손에 쥘 수 있다.

　결론적으로 말하면 목양복합수체질은 말보다는 몸으로 실천하는 사람이 되어야 성공한다. 생각을 많이 한다고 해서 묘수가 나오는 것이 아니다. 과도한 생각보다는 반복적으로 연습하고 몸으로 경험해봐야 된다.

二

목음체질의
아이

융통성과 적응력,
지구력을 개발시켜주자

木陰體質

목음체질의 성품 :

끈기와 지구력, 실천력은
최고다

목음체질의 아이는 융통성이 풍부하고 환경에 대한 적응력이 뛰어난 기질을 가지고 있다. 더욱이 지구력과 실천력이 강하므로 주변에서 뭐라고 하든 말든 자기 본분을 잘 지켜나가는 편이다. 이런 점은 장차 인생을 살아갈 때 큰 힘이 될 수 있으므로 장점으로 키워줘야 한다.

열 번 쓰러진 잡초는 열한 번째 일어날 준비를 한다

어떤 상황에도 긍정적인 태도를 가지고 자기 할 일을 해나가는 목음체질은 환경에 대한 적응력이 좋고 끈기와 지구력, 은근한 실천력을 지니고 있다. 환경에 대한 적응력이 좋다는 것은 다시 말해 융통성이 뛰어나고 고개를 숙여야 할 때를 안다는 뜻이다. 이런 점들이 장점으로 나타날 수 있다면 살아가는 데 큰 힘이 되겠지만, 내면에 예민하고 여린 본성이 깔려 있기 때문에 자신이 가진 근성을 잊고 전전긍긍하다가 넘어지는 경우가 많다. 끈질긴 근성과 유연함이 조화를 이뤘을 때 자신을 둘러싼 환경에 온전히 적응하여 맡은 역할을 충실히 해나갈 수 있다.

넝쿨식물은 나무 없이 혼자서 높이 올라갈 수 없다

넝쿨은 옆에 타고 올라갈 나무가 있어야 한다. 나무가 없다면 바위라도 있어야 높이 올라갈 수 있다. 길가에 덩그러니 피어 있는 풀이 하염없이 애처롭듯이 목음체질의 경우 혼자서 무언가를 한다면 별로 발전할 수 없을 것이다. 갈대도 무리 지어 있을 때 아름답듯 친구들과 어울리는 것을 좋아하고 끊임없이 기댈 곳을 찾아다닌다.

처음 접하는 일에는 남들보다 더 서투른 면이 있어 기초를 만들어갈 동안은 누군가 옆에서 봐주는 사람이 필요하다. 의지할 수 있는 사람이 곁에 있다면 안정된 마음으로 차분하게 노력할 수 있으니, 발전을 꾀할 수 있다. 다만 심신이 충분히 강직하지 못하면 의타심이 커질 뿐이다.

꽃은 향기를 품고 향기는 나비를 부른다

목음체질의 아이들은 친구도 잘 사귀고 친구들과 어울리길 좋아하며 이성 교제도 빠를 수 있다. 이때 무조건 금지시키려고만 하지 말고 건전하게 교제할 수 있도록 신경 써주는 게 좋다.

대체로 주위에 친구가 많고 교우관계도 원만한 편이다. 하지만 한 가지 주의할 점이 있다. 예쁜 꽃에는 이로운 벌만 찾아오는 것이 아니다. 간혹 불순한 친구를 만나면 분명히 거절하지 못해 난감한 상황을 겪는 경우도 있으므로, 아닌 것은 아니라고 딱 잘라서 단호하게 거절하는 표현기술을 일러주어야겠다.

바람에 맞서기보다 바람이 부는 방향대로 움직인다

이는 자기주장을 강하게 펴기보다는 상대방이 우기면 자신의 생각과 다르더라도 그대로 받아들인다는 뜻이다. 얼핏 보면 주관이 없어 보이지만, 분위기를 해치지 않으려고 그렇게 하는 경우가 많다. 이것은 상황에 잘 적응하고 융통성과 요령이 좋다는 뜻으로 덕분에 친구들과 잘 지낸다. 하지만 매번 지나치게 양보만 하는 것 같아 보인다면, 이 부분에 대해서는 확실히 주의를 주고 어떻게 해야 하는지 알려주는 것이 아이를 위해서 좋다. 잘못하면 기회주의적이고 눈치 보는 아이로 자랄 수 있기 때문이다.

꽃이 바람에 떨어질까 걱정근심이 많다

목음체질의 아이는 대체로 신경이 예민하다. 하지만 타인에게 까다롭게 굴거나 신경질을 부리지는 않는다. 분위기의 변화나 불편함을 느껴도 혼자 속으로 생각할 뿐, 일일이 다 겉으로 표현하지는 않아서 남들은 그런 점을 잘 모르는 경우가 많다.

목음체질의 아이들은 꽃처럼 애교가 있고 우아하며 연약한 느낌을 가지고 있다. 대체로 마음이 여린 경우가 많아 아이의 상태를 매순간 주의 깊게 살펴봐야 한다. 작은 변화도 감지하는 예민한 아이임을 잊지 말아야 한다. 좀 더 강해지도록 보살펴줄 필요는 있지만, 너무 강요하거나 억압하면 오히려 역효과가 날 수 있다.

목음체질의 코칭팁 :

스펀지처럼 빠르게
흡수하는 장점이 있다

목음체질은 겉으론 연약해 보여도 내면은 끈기가 있다. 끈기는 10가지 체질 중에서 으뜸이다. 또한 상대가 우기면 마음이 바뀌지 않아도 겉으로는 수용한다. 그래서 남들과 충돌이 적다. 코칭팁을 정리하면 다음과 같다.

- 융통성이 좋은 것은 훌륭한 무기다. 잘 다듬어주자.
- 배울 점이 많은 아이와 어울리게 하자. 친구의 장점을 스펀지처럼 빠르게 흡수하는 편이다.
- 기초를 만드는 데는 시간이 걸리지만 발전의 속도는 빠르다.
- 모방을 통한 창조의 귀재다.
- 위험을 스스로 피하는 재주가 있다.
- 초반에는 의존하는 성향이 강한데, 끝까지 그러면 모든 것을 남에게 의존하게 되어 곤란하다. 스스로 의존성을 탈피하도록 자신감을 불어넣어

주자.

- 거절을 잘 못한다. 상황에 따라 올바르게 판단하도록 지도하자.

- 신경이 예민한 경우가 많다. 마음이 상하지 않게 화초를 다루듯이 부드럽게 대하자.

- 겁이 많은 아이가 되지 않도록 걱정거리가 없는지 늘 관심을 갖자.

- 돌아다니길 좋아한다. 쓸데없이 다니기보다는 목적을 가지고 움직이게 하라.

- 돈보다는 명예와 긍지를 택하는 경우가 많다.

친구들과 어울릴 때 자신의 가치가 더욱 빛난다

자신의 생각을 펼칠 때 독자적으로 하기보다는 여럿이 함께하기를 좋아한다. 또 친구들과 어울리기를 좋아하고 돌아다니는 것을 좋아한다. 그러한 분위기에서 자연스럽게 자신의 가치를 빛내곤 한다. 따라서 아이에게 관심거리를 만들어주되 혼자서 방치해두기보다는 함께하거나 지켜봐주는 배려가 필요하다. 그러한 배려를 해주지 않으면 타인에게 의지하려는 성향이 강해지게 된다.

친구와 어울리길 좋아하는 성향 때문에 이성과도 쉽게 친해질 수 있다. 다른 아이들보다 이성에 관심이 많은 편이고 교제도 빠를 수 있지만 무조건 꾸짖는 것은 바람직하지 않다. 스스로 건전한 관계로 발전시켜갈 수 있도록 올바른 이성관을 심어줄 필요가 있다.

목음체질의 아이들은 스스로를 연약하다고 여길 수 있다. 그래서 든든하고 자신감 있는 친구에게 호감을 가지는 경우가 많다. 사람들과 조화롭게 어울리는 것을 좋아하지만, 그렇다고 해서 자신의 감정을 100% 솔직하게 표현하

는 성향은 아니다. 겉으로 유순해 보인다고 해서 상대방을 완전히 신뢰하는
것은 아니라는 뜻이다.

여행을 통해 많이 배우고 크게 자란다

목음체질은 기질적으로 돌아다니는 것을 좋아하며 여행을 즐긴다. 가족여
행을 자주 떠난다거나 아이가 좋아하는 장소로 함께 산책을 다닌다면 교육
에도 도움이 될 것이다. 특히 조용하고 운치 있는 곳이라면 아이가 더 좋아
할 것이다.

목양체질보다는 물질에 덜 집착하지만 마찬가지로 물질공세에 약한 면이
있으니, 아이가 말을 듣지 않을 때 이를 살짝 이용해보는 센스도 발휘하자.

융통성이 있으면서도 포기할 줄을 모른다

자기주장을 강하게 피력하지 않는 성향 때문에 얼핏 주관이 없어 보이기
도 하지만 이는 그만큼 요령이 있다는 뜻이기도 하다. 이런 성격을 무조건
고쳐야 할 단점으로 지적할 필요는 없다. 다만, 지나치게 소극적인 성향을 보
일 경우, 양보하는 것과 포기하는 것은 다르다는 점을 가르쳐야겠다.

건강을 보호해주거나 치료에 이로운 색 : 붉은색
기운을 북돋워주거나 공부에 이로운 색 : 검은색
건강을 위해서 피하는 것이 좋은 색 : 흰색
공부할 때 이로운 방향 : 북쪽

목음체질의 진로와 적성 :
돈보다는 명예,
긍지를 느끼는 일이 좋다

목음체질의 대표적인 인물로는 다이너마이트를 발명한 스웨덴의 화학자 알프레드 노벨과 음악가 모차르트, 프랑스의 생화학자 루이 파스퇴르, 영화배우 짐 캐리 등을 들 수 있다.

노벨은 아버지로부터 "가장 뛰어난 아이는 아니지만, 가장 근면한 아이"라는 평을 들었을 정도로 부지런했으며, 인생의 마디마디에서 많은 역경을 겪었지만 끈질기게 연구에 매진하며 결국 위대한 업적을 이루어냈다.

그는 자신이 무엇을 해야 하는지 잘 알았고, 원하는 것을 쟁취하기 위해 필요한 것은 '노력'뿐이라는 사실을 잘 알고 있었다. 또한 돈보다는 명예로운 삶을 살고자, 죽을 때 자신의 유산을 스웨덴 과학 아카데미에 기부하여 노벨상을 제정했는데, 이런 점 역시 목음체질의 특징을 잘 보여주는 일화다.

또한 모차르트는 돌아다니길 좋아해서 거의 매년 연주와 작곡 여행을 떠났다고 알려졌다. 그래서 사람들은 '그의 음악은 길 위에서 만들어졌다'고 말한다.

무명시절 짐 캐리는 캐나다에서 온 보조출연자에 불과했다. 워낙 가난해서 방을 구할 돈도 없었던 그는 폐차장의 버려진 차 안에서 잠을 자고, 햄버거 한 개로 하루를 버티는 등 매우 어렵고 힘든 생활을 했다. 하지만 죽을힘을 다해 그 생활을 견뎌낸 짐 캐리는 결국 코미디 배우로 할리우드에서 크게 성공할 수 있었다. 목음체질이 가진 은근하면서도 질긴 인내심 덕분에 견뎌낼 수 있었을 것이다. 물론 장점만 있는 것은 아니다. 사생활에 있어서는 결혼과 이혼을 반복하면서 정착된 생활을 하지 못하는 것 같다. 넝쿨식물이 바닥을 휘저으며 기댈 곳을 찾듯이 아직도 평생의 반려자를 찾는 중인가 보다.

무서운 끈기는 아무나 가질 수 있는 무기가 아니다

목음체질은 자신이 주체가 되어 일을 추진하는 것을 버거워하는 체질이다. 하지만 음에 속하는 체질이기 때문에 직장생활을 하면 훌륭한 참모역할을 수행해낼 수 있다. 그러한 장점을 키워갈 수 있도록 뒷심을 더해줘야 하겠다. 일을 할 때는 모방을 통해서 자신의 발전을 극대화할 수 있는 업무가 좋으며, 이에 따라 주위의 조언을 귀담아 듣는 것이 항상 도움이 된다.

목음체질의 아이들은 무슨 일이든 쉽게 무너지지 않고 끈질기게 해나간다. 비록 연약해 보이기는 하지만, 이 아이들의 무서운 끈기는 아무나 가질 수 있는 무기가 아니다.

사업을 한다 해도 충분한 수련과정을 거친 후에 그 경험을 가지고 주도해가는 방식이 유리하다. 스스로 사업을 일으켜 세우기까지는 힘든 여정을 보낼 수 있기 때문에 항상 주위 사람들이 하는 일들을 눈여겨보는 습관을 길러주는 것이 유리하다.

목음체질의 아이들은 돈보다는 명예를 중요하게 여기는 경우가 많으므로 적성 또한 실리적인 쪽보다는 본인이 긍지를 느낄 수 있는 쪽이나 공직과 같이 명예를 얻을 수 있는 쪽으로 찾아주는 것이 좋다.

적성에 맞는 분야는 빛을 이용한 화려한 것이 좋지만, 뜨거운 불을 이용하는 계통의 직업이나 귀금속, 돌과 관련된 직업 등은 피하는 게 좋다. 시작을 의미하는 '목'의 기운이 있으니 유아나 청소년을 위한 교육사업도 좋다

적성 분야 – 인문 계열, 교육 계열, 의약학 계열, 언론정보학과, 고고학과, 한의학과, 육군, 공군, 의상학과, 건축학과, 토목학과, 원예학과, 천문학과, 디자인학과 등.

목음과체질 :

지구력과 실천력은 강하지만
유연함이 부족하다

 기본 목음체질이 화초, 들풀, 덩굴식물, 갈대 등의 특성을 가지고 있으므로 이보다는 더 많이 모여서 더 넓게 형성된 풀과 갈대 등을 연상하면 이해하기 쉽다. 기본적으로 목음체질은 추세에 따라가는 성향을 지녔지만 과체질인 사람은 물살을 거스르는 기질도 약간 가졌기 때문에 상대에 따라서 '융통성 없는 사람'으로 비춰질 수 있다.

 이 체질의 경우 기본적으로 융통성이 있고 요령이 좋다는 게 장점이다. 따라서 괜한 아집 때문에 장점이 묻히지 않도록 옆에서 신경 써주어야 한다. 눈치만 보고 약삭빠른 아이로 자랄 우려도 있으니 이 점 역시 유념하자.

척박한 땅을 비집고 움트는 것이 들풀의 힘이다

 간단하게 말하면 환경에 대한 적응력이 우수하다. 단, 끈질긴 지구력과 집요한 실천력이 기본체질보다 강한 반면 본연의 유연함과 융통성을 약간 잃어버린 셈이다. 의견을 내세워야 할 때와 고개를 숙여야 할 때를 구분하지 못하니, 이는 대단히 경계해야 할 점이다. 주위에서 뭐라고 하든 긍정적인 태도를 유지하고 자신의 할 일을 무리 없이 해나간다면 걱정할 필요 없다. 자신의 체질을 잘 이해하고 환경에 대한 적응력과 융통성을 어느 정도 키워냈다는 의미이기 때문이다.

목음 기본체질보다는 혼자 일어서는 힘이 세다

기본적으로 덩굴식물은 다른 물체에 의지해 줄기를 감아 올라가는 성향이 있다. 기본 목음체질은 이러한 덩굴식물의 기질을 타고났는데, 목음과체질은 좀 다르다. 기본체질과 마찬가지로 누군가에게 의지해야 하는 성향을 가지고 있지만 과체질이라는 특성상 목질이 단단하여 남의 도움 없이 혼자서 일어서려고 애쓰게 된다. 이런 면은 아무리 나약한 덩굴식물일지라도 화초로서 좀 더 나은 대접을 받고자 하는 마음이 되어 자신을 과시하는 경향으로 흐를 수 있는데, 이는 좋지 않은 모습이다.

본성적으로 목음의 기질을 가지고 있기에 목음과체질의 아이들은 친구들과 어울리기를 좋아하고 기댈 곳을 찾아 돌아다니는 것을 좋아한다. 과체질이라 해도 혼자서 일어서기보다는 다른 사람의 협조를 통해 공부를 하거나 일을 추진하는 것이 좋다. 의지가 되어줄 사람이 있으면 마음의 안정을 가지고 차분히 노력하지만, 기댈 곳이 없으면 정처 없이 돌아다니곤 한다. 기가 너무 약한 아이는 과체질이라도 남에게 의존하려는 성향이 강해질 수 있다.

이성교제가 다소 빠를 수 있다

시기적으로 이성교제가 빠른 만큼, 더 많은 수의 이성친구를 만날 수 있다. 천성이 친구들과 어울리길 좋아하니 이 점을 고려하여 건전한 이성교제가 될 수 있도록 신경을 써주는 것이 좋겠다. 또한 거절을 못하는 습성을 가지고 있으므로 아닌 것은 아니라고 딱 부러지게 말하는 방법을 일러주는 것도 중요하다.

기본체질보다 신경이 더 예민하다

가끔 쫓기는 듯한 심리상태에 빠질 수도 있고, 스트레스에 시달리면 의욕이 사라질 수 있다. 가급적 아이와 함께 여유로운 시간을 가져야겠다. 여리고 예민한 성미와 은근히 배어나는 끈기가 적절히 조화를 이룬다면 더 바랄 게 없겠지만, 사람에 따라 한쪽으로 치우칠 수도 있다. 이것은 기본체질이든 과체질이든 마찬가지다.

목음불급체질 :
다소 예민하지만 인기가 많고
매력적이다

목음불급체질은 화초, 들풀, 덩굴식물, 갈대 등의 특성을 가지고 있지만, 기본체질보다 연약한 모습을 드러낸다는 것이 차이점이다. 기본체질과 불급체질은 확실히 구별하기에는 한계가 있으므로 기본체질에서 설명한 것 이외에 추가적인 사항만 알아볼 것이다. 기본체질의 설명을 숙지한 후 불급체질의 특징을 추가해서 생각해보자.

예민함과 은근한 끈기를 적절히 조화시켜라

환경에 대한 적응력, 지구력, 실천력 모두 기본체질에 비해 약간 부족하다. 그러나 본연의 기질을 발휘하면 힘겹긴 하겠지만 이겨낼 수 있다. 오히려 적응력보다는 예민한 신경과 허약함을 걱정해야 할 것이다.

이런 경우 부모가 조력자가 되어 곁에서 함께 문제를 해결하는 것도 좋은 방법이다. 겉으로는 아무렇지 않은 척해도 예민한 기질을 타고난 목음체질의 아이는 혼자 속을 끓이고 있을 것이다.

한편 환경에 대한 적응력이 좋다는 것은 융통성이 좋다는 점을 의미하기도 한다. 적재적소에서 필요한 행동을 잘 알기 때문에 고개를 숙여야 할 때는 스스로 고개를 숙인다. 하지만 이것 역시 지나치면 비굴해 보일 수 있다.

겉으로는 약하고 예민해 보이지만, 내면의 끈기는 큰 장점이다. 그러한 장점을 잘 발전시킨다면 인생을 살아가는 힘이 될 테니 옆에서 잘 이끌어주는 것이 필요하다. 여리고 예민한 점과 은근한 끈기가 적절히 조화를 이루는 것이 좋겠지만, 개인에 따라서 한쪽으로 치우치는 경향이 있다. 하지만 약해 보여도 결국은 할 일을 다 해낸다.

큰 나무 없이 혼자서는 높이 올라갈 수 없다

기본적으로 기댈 곳이 있어야 하고 무리 지어 자라는 성향을 가지고 있으므로 혼자서는 발전을 꾀할 수 없다. 그래서 무슨 일이든 시작하는 단계에서는 옆에서 관심을 가지고 돌봐주는 사람이 필요하다. 물론 관심이 지나치면 아이가 심약해지고 의타심만 커질 수도 있으므로 적절한 수위를 유지해야 하겠다. 불급체질의 경우 누군가의 도움이 더욱 필요하므로 부모의 지속적인 관심을 통해 차분하게 안정적으로 전진할 수 있도록 해야 할 것이다.

목음불급체질은 서로 기댈 수 있는 좋은 친구가 필요한 체질이다. 기본체질이 가지는 근성을 바탕으로 어려움이 닥치는 경우 버텨내는 기질은 있으나 한계가 있다. 서로 기댈 수 있는 존재를 만들고 공부를 게을리하지 않는다면, 꽃잎이 지고 시들어버린 화초가 다시 물기를 머금어 파릇파릇하게 새싹을 돋우고 생기를 되찾는 격이다. 아이가 교우관계를 두텁게 하고 학습에 열중할 수 있는 환경을 만들어주도록 하자.

단, 이성교제의 경우는 건전하게 할 수 있도록 신경을 써야겠다. 친구들과 어울리길 좋아하는 데다, 이성교제가 빠를 수 있기 때문이다. 뿐만 아니라 목음불급체질인 경우 이성친구와의 관계에서 상처를 받으면 스스로 헤어나기 힘드므로 정서적인 문제에 대해서도 염려해야 한다. 따라서 어렸을 때부터 올바른 이성관을 가지고 만남과 헤어짐에 유연하게 대처하는 법을 익히도록 하는 게 중요하다. 마찬가지로 확실하게 거절하지 못하는 경향이 있으므로 지혜롭게 거절하는 방법을 알려주는 것도 잊지 말자.

갈대는 바람이 부는 대로 흔들린다

목음체질은 자신의 주장을 강하게 펼치기보다는 분위기에 따라 남의 의견에 동조하는 경향이 있다. 얼핏 주관이 없어 보일 수 있지만, 이것은 어디까지나 분위기를 흩트리지 않으려고 노력하는 것이니, 이러한 융통성과 요령을 바탕으로 친구들과의 관계도 무난하게 유지할 수도 있다.

하지만 자기주장 없이 무조건 양보로 일관한다면 그런 점을 지적해주고 고치도록 도와주는 것이 좋다. 눈치만 보는 아이로 성장할 수 있기 때문이다. 불급체질의 아이는 더더욱 주의해야 할 사항이다.

목음불급체질의 경우 예민함의 정도가 과도하기 때문에 일을 시작하기도 전에 걱정부터 하는 경향이 크다. 극도로 과민해지면 정서장애를 유발할 수 있으므로 아이의 상태에 따라 적절한 조치를 취해야 할 것이다.

한편 꽃이 피는 화초처럼 애교가 있고 우아한 체질이므로 매력적인 인물로 성장할 수 있다.

목음복합화체질 :
융통성과 표현력, 지력까지 겸비했다

목음체질에 복합화체질이 결합한 이 체질은 융통성이 좋은 데다 표현력까지 좋은 경우에 속하므로 대부분 머리가 좋다. 머리가 좋다는 것은 물이 증발되기 쉬운 화의 기운이 많은 상황이므로 기억력이 좋다는 말이 아니라 두뇌 회전이 빠르다는 것이다. 물이 채워지면 기억력 또한 좋아진다.

불이 많아져 성질이 급한 것은 분명하다. 성질이 급한 만큼 실수도 많아질 수밖에 없다. 하지만 화의 기운이 더해져 배움에 대한 욕구가 크다. 많이 배운다는 것은 자신의 사명을 다한다는 의미로, 이를 통해서만 자신의 존재가 치를 빛낼 수 있다.

배움을 게을리하지 않는다면 항상 좋은 일만 있을 것이다. 강렬한 불기운으로 인해 물이 없어지기 쉽다. 이는 물이 절실하게 필요하다는 뜻이며, 물만 있으면 하고 싶은 것은 모두 이룰 수 있다는 의미다. 수의 기운이 상징하는 지혜로움과 겸손함을 갖는 것이 좋겠다.

어려운 상황을 빠져나가는 기술은 흉내 내기조차 어려울 정도다. 머리가 비상하다는 것이며, 좋은 머리를 나쁜 쪽으로 쓴다면 누군가를 모함에 빠뜨리거나 음해할 수도 있다.

정서적으로 예민한 경우가 대부분이며 건강에 늘 자신이 없는 경우가 많고, 이는 물의 기운이 부족할수록 더 심하다. 절실히 필요한 물을 만드는 방법은 다음과 같다. 생각을 많이 하고 신중해질 것, 공부를 많이 할 것, 공부를 하지 않더라도 늘 가까이에 책을 둘 것 등이다.

결론적으로 말하면 많이 생각하고 배울수록, 겸손하고 지혜로울수록 물의 기운이 많이 만들어진다. 물이 많아지면 자신이 가진 수없이 많은 재주를 잘 키워나갈 수 있다. 그러나 이런 노력이 없다면 쪽박신세를 면하기 어렵고, 잘난 척하고 아는 척하는 거만한 사람, 허풍쟁이로 통하게 된다. 성급한 결정으로 인해 손해를 보기 쉽고 행동보다 말이 먼저 앞서는 경향이 있어 괜히 친구 사이에서 신뢰를 잃는 경우도 많다.

목음복합토체질 :
팀을 짜서 공부하면
효율이 올라간다

    목음체질에 복합토체질이 결합된 이 체질은 무리 지어 있기를 좋아하는데, 이는 주위에 풀들이 별로 없고 광활한 큰 민둥산만 있는 모습이다. 풀의 입장에서는 친구가 그립고 '친구와 같이 있으면 이 넓은 땅을 유익하게 활용할 수 있을 텐데' 하면서 무척 아쉬워한다. 따라서 아이에게 관심거리를 만들어주되 혼자 놔두기보다 함께하거나 지켜봐주는 배려가 필요하다. 그러한 배려를 해주지 않으면 타인에게 의지하려는 마음이 커진다.

    목음복합토체질에게 땅은 자신이 노력해서 얻은 결과물이자 돈에 비유할 수 있다. 이 체질은 공부에 흥미를 가진 경우가 드물지만 친구들과 팀을 짜서 공부를 하면 효율이 올라가고 좋은 성적을 낼 수 있다. 단, 공부하는 자세가 몸에 배어 있고, 친구를 존중할 줄 아는 사람만이 좋은 성적을 낼 수 있을 것이다. 중요한 것은 자신에게 필요한 기운을 어떤 방법으로 얻느냐.

단점이라면 연약하고 예민한 경향을 지적할 수 있다. 그러므로 평소에 운동을 열심히 하고, 보약이나 몸에 좋은 음식을 잘 챙겨 먹어 체력관리를 잘 해야 한다.

토의 기운이 과도해서 중심을 잘 잡는 토체질 본연의 장점을 찾아보기 어렵고 고집을 부리기 쉽다. 결과에만 집착하지 말고, '왜 성적이 이렇게 나왔을까?'를 생각하며 공부한 과정을 되짚어 보고 반성해야 할 것이다.

결론적으로 말하면 타고난 융통성과 친화력을 바탕으로 친구들과 잘 융화하면 성적도 좋을 것이지만 대체로 그렇지 못한 경우가 많고 신경이 예민한 편이다.

목표한 바를 성취하려면 먼저 아이의 건강에 신경 쓰는 것이 중요하겠다. 몸이 약해지지 않도록 운동도 열심히 하는 것이 좋다.

목음복합금체질 :

원리원칙에 충실한
본연의 장점을 키워주자

목음체질에 복합금체질이 결합된 이 체질은 심약한 경우가 많다. 특히 신경이 예민하기 때문에 어릴 때부터 신경성 질환을 보이는 경우가 많다. 그러므로 부모가 세심하게 관찰하고 자주 확인해보아야 한다. 신경성 질환의 경우 증상이 밖으로 드러나지 않기 때문에 아이가 말을 안 하면 모르고 넘어갈 수도 있다. 겉으로는 예민하거나 허약해 보이지 않을 수 있기 때문에 더더욱 관심을 기울여야 한다.

부드럽고 다정한 성품을 가졌지만, 간혹 친구들에게 융통성이 없고 냉정한 모습을 보이며 싸늘한 분위기를 만들기도 한다. 하지만 남이 보든 안 보든 원리원칙에 충실한 아이이므로 허튼 짓을 하는 경우는 드물다. 물론 이것이 지나치면 원칙주의자라는 말을 듣게 된다.

자존심 상하는 일이 생기면 그냥 지나치지 못한다. 또한 명예를 중시하기 때문에 자신의 명예가 실추되는 것 역시 몹시 싫어한다.

오행의 순환구조상 목음복합금체질이 가진 단점을 장점으로 바꾸려면, 수의 기운이 필요하다. 수의 기운은 침착함과 지혜로운 생각, 자신을 낮추는 겸손함을 말한다. 수의 기운이 부족하면 항상 위축되고 자신감 없는 모습을 보인다. 자신감이 부족해지면 공부에 집중이 안 되어 성적이 떨어지고 몸도 따라서 괴로워진다.

　결론적으로 목음복합금체질은 수의 기운이 있어야 원리원칙에 충실한 본연의 장점을 드러낼 수 있고, 그러면 높은 관직에 오르거나 사회적인 명예를 얻을 수 있다. 하지만 반대의 경우라면 주관도 없고 눈치나 보는 성품을 가지게 되며, 몸도 자주 아플 수 있다.

　금의 성질이 강한 복합금체질 때문에 옳지 않은 일을 목격하면 참지 못한다. 칼같이 고치거나 개혁하려는 성질이 강하다. 어떻게 처신하느냐에 따라 위치가 불안해질 수도 있고 명예를 얻을 수도 있다. 그러므로 신중한 처신이 필요하다. 이러한 점들에 착안하여 자녀를 코칭한다면 성인이 되어서도 높은 관직이나 사회적 명예를 기대해볼 수 있을 것이다.

목음복합수체질 :

집중력을 높이고
실행력을 키우자

  보통 수체질과 결합한 복합체질들은 '물이 너무 많아 홍수가 났다'고 표현할 수 있다. 이것은 곧 '물이 쓸고 간 자리에는 아무것도 남지 않는다'고 볼 수 있는데, 다행히 목음체질들은 이런 문제점이 다소 적은 체질이라고 할 수 있다. 바닷속에서 자라는 미역을 생각해보자. 물에 잠겨서도 잘 적응하며 살아가는 식물이 아닌가? 오히려 물이 많아야 살기 좋은 여건이 되므로, 좀 특이한 점이 있다.

  목음체질은 원래 융통성과 적응력, 지구력과 실천력을 갖췄다. 이러한 장점을 바탕으로 주변에서 뭐라고 하든 본분을 잘 지켜나가는 편이다. 이러한 본연의 체질적 장점을 살려내면 걱정할 것이 없다고 봐도 좋다. 그러나 이런 조합은 장점을 잃어버리는 경우가 많으므로 각고의 노력을 해야 할 것이다.

  공부는 많이 하는데 성적이 안 좋거나, 혹은 공부에 전혀 흥미가 없어 성적이 나쁠 수 있다. 어느 쪽이든 성적이 좋은 경우가 드물다. 일단 생각은 많은데, 그만큼 행동이 따르지 않으며 계획은 늘 거창하지만 멍하니 시간만 보내거나 책상 앞에 앉아 딴짓을 하면서도 '공부를 열심히 했다'고 스스로 착각하는 것이 문제다. 당연히 실력도, 성적도 올라갈 리 없다.

모든 문제의 원인은 자신에게 있다. 머릿속에서는 우주정복이라도 할 만큼 많은 일이 벌어지지만, 실제 결과를 만들어내는 실천을 하는 데 매우 서툴기 때문이다. 행동이 굼뜨거나 서툴다면 빨리 고쳐야 한다. 뭔가 열심히 하는데도 결과가 신통치 않다면, 이해력 부족으로 일의 능률이 떨어지는 것이므로, 스스로 지쳐 포기하기 전에 바로잡아 주는 것이 좋다.

처음에는 '이것을 공부해서 이렇게 저렇게 하겠다'는 계획으로 전공을 결정하지만, 원래의 생각과는 다르게 전공과 무관한 일을 하는 경우도 많다.

이 체질은 생각을 너무 많이 하는 것이 오히려 공부에 방해가 되고 능률을 떨어뜨리는 주범이다. 회사에서 다들 지쳐 쓰러질 정도로 길게 회의를 해도 결론 없이 끝나곤 하는 것처럼, 생각하고 계획하는 데 시간을 보내는 것보다는 책이라도 한 장 더 보는 것이 이롭다.

결론적으로, 이 체질은 효율을 높일 궁리를 해야 한다. 쓸데없는 것만 공부하고 정작 필요한 공부는 빠뜨리는 경우가 많기 때문이다. 생각만 깊이 한다고 해서 좋아지는 것은 아무것도 없다. 오래 앉아 있는다고 공부를 열심히 하고 있다고 착각해서도 안 된다. 집중해서 공부해야만 좋은 성적을 받을 수 있다는 사실을 이해시켜야 한다.

결과가 좋지 않은 것은 집중력이 부족하기 때문이다. 부모는 되도록 지켜보기만 하고, 가끔씩 조언을 해주는 것이 좋다. 너무 자주 하면 잔소리로 여겨 사이가 안 좋아지고 부모의 말을 듣는 시늉만 하게 된다.

화양체질의
아이

탁월한 직관을 키워주고
심사숙고를 가르쳐라

火陽體質

화양체질의 성품 :
지력이 우수하고
모든 일에 공명정대하다

태양은 가장 높은 곳에 떠 있는 유일무이한 존재다. 인류의 오랜 역사와 함께하며 신, 숭배의 대상, 믿음 그 자체로 여겨졌다. 누구라도 태양을 보려면 고개를 높이 들어 우러러보아야 한다. 그러한 태양의 기운을 받아서일까? 화양체질은 어려서부터 '내가 최고'라는 생각을 하고, 은연중에 그런 점이 행동으로 배어나오는 경향이 있다. 그래서 지나치면 고집불통으로 비춰지기 쉽다. 때로는 다른 사람을 낮춰보거나 군림하려는 것처럼 오해받을 수 있으므로 주의시켜야 한다. 상대방이 어떻게 생각할지, 남의 기분을 상하게 하는 행동은 아닌지 먼저 생각해본 후에 행동해야 한다는 점을 강조함이 바람직하다.

또 한 가지는 가장 높이 떠 있기 때문에 주위에서 벌어지는 일들을 가장 먼저 볼 수 있다는 점이다. 레이더 장치를 가진 것처럼 주위에서 벌어지는 대부분의 일을 예리하게 포착한다. 섬세한 관찰력과 탁월한 직관력은 타의 추종을 불허한다. 냄새만 맡아도 돌아가는 분위기를 파악할 수 있을 정도로 눈치가 빠르다. 이는 분명 장점이지만 먼저 사실 여부를 확인한 후에 신중하게 처신해야 할 것이다. 성급함은 실수를 부른다는 사실을 명심하자.

순발력이 뛰어나고, 새로운 것에 열광한다

불빛이 반짝이듯 순간적인 센스가 뛰어나고, '지능의 신'답게 머리가 좋다. 몸으로 표현하는 것보다 말로 표현하는 것에 능하다. 좋은 머리만 믿고 자만하다가 자칫 게을러질 수 있다.

태양이 매일 새롭게 뜨듯이, 화양체질 아이들의 가장 큰 관심사는 '새로운 것'이다. 처음 보는 것이라면 무엇이든지 흥미와 관심을 가지며, 친구가 바꾼 새 교재, 짝꿍이 다니는 새 학원 등 새로운 것에 대한 호기심이 어느 체질보다 강하다.

솔직하고 분명하며 정의롭다

화양체질의 아이들은 성격이 솔직하고 분명하여 좋고 싫은 것이 얼굴에 고스란히 나타난다. 태양이 뜨고 지는 것으로 밤과 낮이 명확히 구분되는 것과 같은 이치다. 화양체질은 모든 일에 분명하게 선을 그으려고 하는 성향이 있어 그냥 지나가도 될 일을 끄집어내어 문제 삼는 경우도 있다. 이처럼 흑백이 분명한 성격은 주위 사람들을 피곤하게 만들기도 해서, 지나치면 친구 사귀기가 힘들어질 수도 있다.

또한 밝다는 것은 어둠을 제거하는 것이므로 사회의 어두운 부분들을 밝히고자 하는 정의로움과 공정함도 품고 있다. 사회적인 고통과 가난, 질병, 폭력에 대항하는 기질도 강하다.

급한 성격이 일을 망친다

흔히 '불같은 성격'이라고 말하는 것처럼, 화양체질은 성격이 급하다. 몸으로 서두르는 유형이라기보다는 마음이 조급한 경우가 많다. 급하다는 것은 참을성이 부족하고 무엇이든 숨기지 못한다는 것과 같은 말인데, 때문에 행동하기 전에 말이 먼저 나와 실수하는 경우가 많다. 한 번 더 생각해서 결정하고, 또 한 번 더 생각한다면 스스로의 결점을 찾아서 메우게 된다. 후회하지 않으려거든 한 번 더 생각하고 결정하는 게 중요하다.

누구에게나 조건 없이 빛을 나눠준다

말 그대로 태양은 만인 앞에 평등하고 만물에 공평하게 빛을 내리쬔다. 이처럼 화양체질 역시 모든 이에게 공평한 경향이 있다. 태양이 조건 없이 빛을 제공하듯이, 기분이 좋으면 자신의 것을 아무런 대가 없이 주기도 해서 '기분파'라는 소리도 많이 들을 것이다. 이것이 지나치면 허세가 늘어 실속이 없어질 수 있으므로 적당한 선에서 자제하도록 가르쳐야 한다. 같은 맥락에서 올바른 경제관념을 심어주는 것도 중요한 문제다.

다른 아이들의 장점을 내 아이에게 억지로 맞춰보려는 우를 범하지 않도록 유의하자. 내 아이는 내 아이대로 무한한 장점을 가지고 있다는 사실을 명심하고, 그것을 발전시킬 수 있게끔 북돋워주는 것이 더 현명하다. 화양체질 아이들의 경우 '독창성'이 바로 그 장점이다. 독창성을 끊임없이 계발시켜주면 훗날 자기발전의 초석으로 삼을 수 있을 것이다.

화양체질의 코칭팁 :
상대방을 배려하고
머릿속 아이디어를 실천하게
도와주자

화양체질은 새것을 좋아하는 경향이 있다. 소위 '얼리어답터'라 일컬어지는 사람들 중 화양체질인 사람이 많다. 새로운 것에 대한 호기심이 왕성하니 그것이 곧 아이디어의 원천이 되기도 한다. 그러나 이는 장점이기도 하지만 단점이 될 수도 있다. 코칭팁을 정리하면 다음과 같다.

- 성급함이 일을 그르친다. 한 번 더 생각하고 행동하라.
- 정열은 충분하다. 냉정함을 기르자.
- 새로운 것에 대한 호기심이 많다. 좋아하는 분야에 관한 새로운 정보들을 계속 제공하자.
- 궁금하면 못 참는 성격이다. 공부에도 궁금증과 호기심을 유발하여 동기를 부여하자.
- 자존심이 강해서 체면을 구기면 모든 것에 흥미를 잃어버린다.

- 공명정대하다. 스스로 정당하지 못한 일을 했을 경우는 곧바로 후회하는 편이다.
- 쓸데없는 흑백논리로 논쟁을 하기도 하므로 현재의 논쟁이 유용한지를 먼저 생각하게 하라. 그러면 스스로 답을 얻는다.
- 예의 바른 것을 좋아하지만 정작 본인은 그렇지 않은 경우도 있으므로 무례한 행동을 하면 곧바로 지적해주는 것이 좋다.
- 모든 것을 머리로만 하려 한다. 실천이 있어야 얻을 수 있는 법이다.
- 성격이 급하면서도 미루거나 게으름을 부리는 경우가 많아 '벼락치기'를 자주 한다.
- 겉모습으로 판단하거나 외모를 따지는 경향이 있다. 사람을 만날 때 내면을 보게 하자.
- 다른 사람들 위에 군림하려는 성향이 있다. 자기가 직접 하지 않고 자꾸 남을 부리려고 한다면 고치도록 해주자.
- 표현력이 좋아 말을 잘하는 경우가 많지만 말로 그치게 해서는 안 된다.

이런 아이들은 천편일률적인 학교수업만으로는 쉽게 지루해한다. 반복적이고 단조로운 것이라면 무엇이든 체질적으로 맞지 않고, 싫증을 빨리 느끼기 때문에 다양한 교재를 이용하는 것이 더 능률적이고 학습효율도 높다. 같은 것을 반복하는 것은 체질적 성향에 반하는 것이므로 지양해야 한다.

또한 집중력이 좋은 체질이지만, 집중하는 시간이 짧다. 그러므로 짧은 시간에 효율을 극대화할 수 있는 학습방법을 선택하도록 도와주어야 한다. 할 일을 늘 미루기만 하고, 벼락치기를 한다거나 막판에 몰아치는 습성이 있는데 용케도 좋은 결과를 가져오는 경우가 많다. 그러나 좋은 운도 한두 번이지 이런 습관이 누적되면 결과적으로 퇴보할 수밖에 없다.

지능이란 본디 기본지식이 있어야 발현되는 것으로, 명석함을 유지하기 위해서는 항상 책 읽는 습관을 가져야 한다. 방이나 거실, 화장실 등 아이의 손이 닿을 수 있는 모든 곳에 다양한 장르의 책을 놓아두고 시간이 날 때마다, 보고 싶을 때마다 쉽게 책을 볼 수 있도록 한다.

본래 언어적 표현력이 뛰어나고 순발력이 있어 참신한 아이디어를 잘 떠올리는 것이 이 체질의 장점이다. 그러나 그만큼 싫증도 빨리 느낀다. 새로운 것은 무한히 쏟아져 나오고 호기심의 대상도 시시각각 달라질 것이다. 따라서 집중하는 시간이 길지 않다는 체질적 특징을 인지하여 교육 형태를 바꾸는 것이 좋다. 그동안의 학습시간이 다소 길었다면 줄여보는 것도 좋은 방법이다. 효율도 낮은데 괜히 오래 앉아 있지 말고 공부시간을 확 줄이고 짧은 시간이라도 몰입하게 해주는 편이 낫다. 반복학습도 아이를 지치게 할 뿐, 별로 득 될 게 없다.

화양체질의 아이들을 오래 앉아 있게 강요하는 것은 그만큼 집중력을 흩뜨리는 독이 되므로 다양한 교재를 이용해 최대한 지루하지 않은 학습환경을 조성해주는 것이 최선이다. 다행히 이 아이들은 본성적으로 지식에 대한 열망이 강하다. 따라서 이러한 학습환경과 더불어 독서가 몸에 밸 수 있도록 해준다면 진정한 지능의 신, 태양과 같은 인재로 성장할 수 있을 것이다.

순간적으로 반짝이는 아이디어는 잊어버리기 쉬우므로 항상 메모하는 습관을 가질 수 있게 지도하는 것이 좋다. 위에서 언급한 장점을 제대로 활용하려면 잊어버리기 전에 메모하는 것이 중요하다. 평소에 머리에 의존하는 기질이 있으므로 새롭게 배운 것은 생활 속에서 실천하게 하여 게을러지는 것을 미연에 방지해야 한다.

성질은 급한데 참을성이 부족해서 실수가 많다

태양이 밤과 낮을 가르듯 성격이 솔직하고 분명하다. 매사에 애매모호한 것보다야 나을 수는 있겠지만 지나치면 모든 일을 흑백논리로만 따지는 경향이 생길 수 있다. 이는 원만한 대인관계를 위해 바로 잡아줘야 할 부분이다. 융통성 없이 시시비비를 따지고 들어 주위 사람들을 피곤하게 하니, 자연히 친구를 사귀는 데도 문제가 생길 수 있기 때문이다. 흑백논리로만 문제를 보는 습관이 있다면, 타협하는 법에 대해서도 가르쳐야 한다. 좀 더 개방적이고 폭넓게 수용하는 사고를 할 수 있도록 이끌어줘야 한다.

또한 무엇이든 말이 앞서는 경향이 있다. 성질은 급한데 참을성이 부족해서 그렇다. 가령 제대로 확인해보지도 않고 서둘러 발설해버리는 실수를 종종 저지를 것이다. 이런 면을 자주 보인다면, 늘 무슨 말을 하기 전에 무조건 세 번씩 생각해보는 습관을 가지도록 코칭하자.

태양의 기질을 그대로 가지고 있는 이 체질의 아이들은 이상이 높기 때문에 자신도 모르게 우월감에 빠져들 수 있다. 포부와 자신감이 적당한 수준이라면 어떤 일을 할 때 자극제와 기폭제가 될 수 있다. 그러나 이것이 지나치면 교만하고 오만한 사람이 될 뿐이다. 때로는 쇠심줄과도 같은 고집으로 자신을 굽히지 않을 수 있다. 다행히 타인에게 고집을 부리는 성향은 아니지만 강박관념에 시달릴 수 있다. 또한 모든 사람들에게 공평하고 대가 없이 베푸는 기질이 있지만 이 때문에 허세만 키울 수 있다. 이처럼 극단적인 면을 모두 가지고 있는 아이들에게는 정도와 중용의 미덕을 깨우쳐주는 것이 관건이다.

화양체질은 기본적으로 겉모습을 보고 사람을 판단하는 경향이 있다. 그래서 필자는 비즈니스를 하는 사람들에게 화양체질의 고객을 만날 때는 외모에 더욱 신경 쓰라고 권하기도 한다. 눈에 띄게 화려하거나 요란한 치장을 하기보다는 고급스럽고 세련된 취향이 호감을 얻는 데 유리할 것이다.

또한 화양체질은 체면을 중시하기 때문에 말과 행동에 유의하지 않으면 자칫 오해를 빚어 사이가 틀어질 수 있다. 아이들의 경우 아기자기하고 예쁜 물건을 더욱 선호할 것이다.

목양체질처럼 누구보다 자신이 우월하다고 생각하는 면이 많으므로, 화양체질의 아이들과 대화를 하거나 교육을 시킬 때는 너무 강경하게 대하면 효과가 없다. 이 아이들은 자신보다 강한 사람보다는 자신이 감싸줄 수 있는 사람에게 호감을 갖고 마음을 열어준다는 점을 명심해야 한다.

또한 자신이 우월하다고 생각하기 때문에, 정작 스스로는 애교가 없음에도 불구하고 타인에게 애교를 기대하는 경향도 있다. 뿐만 아니라, 자신이 솔직한 만큼 타인 역시 자신에게 솔직하기를 원한다. 따라서 화양체질에게 뭔가를 감추는 듯한 태도를 보이면 즉시 사이가 안 좋아질 수 있다.

건강을 보호해주거나 치료에 이로운 색 : 황색, 갈색
기운을 북돋워주거나 공부에 이로운 색 : 파란색, 초록색
건강을 위해서 피하는 것이 좋은 색 : 검은색
공부할 때 이로운 방향 : 동쪽

화양체질의 진로와 적성 :

많은 사람들에게 베풀고
봉사하는 일을 좋아한다

　화양체질의 인물로는 마하트마 간디, 알버트 슈바이처, 헤르만 헤세, 스티브 잡스, 조앤 K. 롤링, 스티븐 스필버그, 거스 히딩크 등이 있다.

　마하트마 간디의 비폭력, 무저항주의 평화사상은 공명정대한 태양의 기질이 발휘된 것이라 할 수 있다. 태양은 한 사람을 위한 것이 아니라 모두를 위한 것이기 때문이다. 한편, 헤르만 헤세는 화양체질이 가진 표현력과 섬세한 감성을 보여주었다. 화양체질 중에는 이처럼 섬세한 심리 때문에 젊은 시절부터 정신병적인 고통을 경험하는 경우가 많은데, 헤세 역시 그랬다. 스티브 잡스는 체질적으로 '지능의 신'인 태양의 기운을 품고 있으며, 화양체질이 가진 '레이더' 기질도 잘 보여준다. 기회를 잘 포착하고 탁월한 직관력을 발휘하여 성공한 케이스이기 때문이다. 마찬가지로 스티븐 스필버그 역시 그의 영화를 보면 그가 얼마나 정열적인가를 느끼게 해준다. 거스 히딩크는 선수 한 명 한 명을 공정하게 판단해서 성공적인 리더십을 보여주었다.

이처럼 가슴속에 불타는 정열을 품고, 머리는 '창조'의 바퀴를 쉼 없이 굴려가며, 수많은 사람들이 인생에 흥미를 느끼게 만드는 기회를 제공해주는 것이 바로 화양체질의 재주이며, 화양체질에게 주어진 행복일 것이다.

화양체질의 아이는 직장생활보다는 사업을 하거나 사회사업처럼 많은 사람을 상대하는 일이 체질적으로 잘 맞다. 태양처럼 음지를 양지로 바꾸는 일, 사명감을 가질 수 있는 일이라면 더욱 좋을 것이다. 아픈 사람을 돌보는 일역시 사명감을 가질 수 있는 일이기에 좋은 결과를 얻을 수 있다. 자신이 직접 베풀고 봉사하는 직업이라면 금상첨화다.

많은 사람들을 상대하는 것이 좋다는 말은, 언론이나 출판을 통해서 많은 독자들과 교류한다거나 인터넷 매체를 통해 정보를 나눠주는 일도 맞다는 뜻이다. 사람들 앞에서 강연하는 일도 적성에 맞다. 햇빛이 흑백을 구분 짓는 가장 중요한 요소이듯, 옳고 그름을 판정할 수 있는 변호사, 판사, 검사도 생각해볼 수 있다.

'원래 좋은 물건을 훨씬 더 좋아 보이도록 만드는 것'은 화양체질의 특기다. 만약 제품을 다루는 일에 소질이 있어 보인다면 되도록 화려한 분야를 택하는 것이 좋다. 예를 들면 귀금속, 액세서리나 화훼와 관련된 일이 전망이 밝다. 하지만 자신이 직접 만드는 것은 별 다른 성과를 기대할 수 없다.

비가 오면 해가 가려진다. 빗물이나 계곡의 맑은 물, 마실 수 있는 깨끗한 물 등을 연상시키는 일은 피하도록 하자. 단, 적은 양이 아니라 대량의 물을 상대하는 직업이라면 오히려 좋을 수 있다.

주의할 점은 양체질이므로 한 번 실패하면 재기하기가 무척 힘들다는 것이다. 실패를 거듭하지 않도록 주위에서 잘 보살펴주고 실패를 겪은 아이들에게 시련을 딛고 일어설 수 있도록 아낌없이 격려해주고 힘을 북돋워주는 것이 필요하다.

  적성 분야 – 인문 계열, 의학 계열, 이공 계열, 법학과, 공군, 언론정보학
과, 섬유학과, 의상학과, 정신과, 신경외과, 방사선과, 한의학과, 전기전자통
신 계열, 컴퓨터 계열, 사회복지 계열 등.

화양과체질 :
세 번 더 생각하는
습관을 길러주어라

화양과체질은 기본 화양체질의 '불같은 성격'보다 훨씬 더 심한 다혈질이라고 볼 수 있다. 성격이 매우 급하고, 가끔은 누구도 못 말릴 정도로 격분할 때도 있다. 다행히 명석하고 상황에 대한 이해가 빠르기 때문에 공정하고 합당한 이유를 제시하면 금방 수긍하고 인정하므로 큰 문제는 없겠다. 물론 두고두고 곱씹는 스타일이 아니므로 뒤끝도 없다.

한 가지 조심해야 할 점은 그런 성급함이 일을 그르치는 단초가 될 수 있다는 것이다. 생각이 너무 앞서나가 속단한다거나, 참을성이 부족해 행동하기도 전에 발설해버리는 경우가 바로 그런 경우다. 이런 점은 반드시 주의를 주고 경계하도록 지도해야 한다. 화양체질과 마찬가지로 무조건 세 번 더 생각하는 습관을 길러주면 좋다. 세 번 더 생각하는 동안 스스로 결점을 찾아서 실수를 방지하고 문제를 해결할 것이다. 반드시 기본체질의 특징들을 먼저 읽어본 후 비교하면서 이해하기 바란다.

집중력이 뛰어나지만 집중하는 시간이 짧다

매일 새롭게 뜨는 태양처럼 항상 새로운 것을 추구하기 때문에 반복적이고 지루한 형태의 수업으로는 능률을 올리기가 힘들다. 물론 과체질의 경우 그러한 경향은 더 심해진다. 싫증을 빨리 느끼고 결과도 빨리 확인해야 하는 성미를 가졌기 때문에 다양한 교재를 가지고 교육하는 것이 더 유익하다. 집중력은 뛰어나나 집중하는 시간이 짧은 편이고 좋아하는 일에 물불 가리지 않고 열성적으로 달려든다. 미적거리다가 급해지면 불같이 몰아붙이는 일이 잦으므로 벼락치기보다는 평소에 적당히 나누어서 공부하는 습관을 들이도록 해야 한다.

명석한 두뇌를 더욱 빛나게 해줄 '메모 습관'을 기르자

화양체질의 아이들은 부모가 '우리 아이가 혹시 천재 아닐까?' 하고 생각할 정도로 어릴 적부터 매우 감각적인 데다가 영특하다. '지능의 신'이라 불리는 태양의 기질을 닮아 순간적인 센스가 뛰어나고 명석하다. 습득한 지식을 말로 표현해내는 데 탁월하다. 하지만 과체질의 경향이 심해질수록 움직이길 싫어하기 때문에 나태해지기 쉽고, 무슨 일이든 끝까지 미뤄두었다가 몰아서 하는 것에 익숙해질 수 있다. 화양과체질의 아이인 경우, 될 수 있는 대로 다양한 지식을 많이 익힐 수 있도록 하고, 기본체질과 마찬가지로 항상 떠오른 아이디어를 빠짐없이 메모하는 습관을 기르도록 돕자. 가까이에 항상 책을 두고, 아이의 행동력을 길러주는 데 집중하는 것도 잊지 말아야 한다.

감정조절과 타협의 방법을 가르쳐주자

간혹 대충 지나가도 될 일까지도 문제 삼는 경우가 있는데 과체질은 그 정도가 지나쳐 결벽증으로 의심 받을 수도 있다. 이로 인해 주위 사람들이 지칠 수 있으니 원만한 대인관계를 위해 바로잡아 주어야 하겠다.

또한 성격이 솔직하고 분명하여 얼굴에 기분이 그대로 드러나는데, 과체질인 경우는 더더욱 극명하게 나타나며 간혹 행동까지 과격해지는 경우도 있다. 이런 점이 습관으로 굳어지면 성인이 되어서도 사회생활에 지장을 초래할 수 있으므로, 감정조절과 타협의 방법을 가르쳐주고 편향된 사고방식에서 벗어나도록 지도해야 한다.

실속 없이 허세 부리지 않도록 주의시키자

화양체질은 좀처럼 자신을 낮추려고 하지 않는 경향이 있다. 화양과체질이라면 정도가 더 심하다. 은연중에 배어나오는 '내가 최고'라는 생각이 지나치면 남들에게는 고집불통으로 보인다. 또한 남을 아래로 내려다보는 경향이 있고 위에서 군림하려 들기 때문에 상대방의 기분을 상하게 할 수 있다. 독불장군이 되기 쉽지만, 명확한 논리 앞에서는 자신을 낮추고 수긍하는 편이다. 곁에서 잘 이끌어주면 큰 문제는 없다.

과체질인 경우 독단적인 성향이 더 강해 자신의 생각을 객관적인 기준으로 삼으려 할 수 있다. 공정성을 추구하려다 불공정을 부추기는 꼴이 될 것이다. 매사에 자신의 중심을 다잡고 심사숙고할 수 있도록 교육해야 하겠다.

화양불급체질 :
주체성과 강단을 키워주자

화양불급체질은 '구름에 가려진 태양'과 같은 경우다. 구름으로 인해 빛을 제대로 발산하지 못하는 셈이다. 그래서 자꾸만 의지가 약해지고 그로 인해 심장이 약해지거나 신경성 질환이 생길 수 있기 때문에 부모가 각별히 챙겨줘야 한다. 미리 걱정하는 습관은 모든 불급체질의 공통적인 문제이기도 한데, 스스로의 힘으로는 바로잡기 어려우므로 곁에서 보살펴주고 신경 써주어야 한다. 기본 화양체질의 특징을 숙지한 후 불급체질이 지나칠 경우에 일어나는 문제들을 추가로 알아두고 주의하도록 한다.

머리가 좋은 반면 게을러지기 쉽다

지능이 뛰어나고 순발력이 좋다. 지능이란 무릇 기본적으로 갖추고 있는 지식이 많아야 더욱 잘 발휘될 수 있으므로, 무조건 지식을 쌓고 머릿속을 채워두는 것이 체질적 장점을 살리는 길이다. 때문에 화양체질을 기본체질로 가지고 있는 사람은 늘 책을 끼고 사는 것이 유익하다. 지식을 행동보다 말로 표현하는 데 더욱 큰 재능이 있고, 다소 게으른 기질이 있어 몸을 움직이는 것 자체를 싫어하는 경우도 많다.

아이디어는 빛나지만 쉽게 잊어버리기도 하니 항상 메모하는 습관을 길러주고, 특히 불급체질의 경우는 그 정도가 더 심하니 신경 써야 할 것이다. 주체성이 부족하기 때문에 옆에서 잡아주지 않는다면 화양체질의 단점들이 더욱더 두드러지게 나타날 것이다.

우유부단함을 경계하라

화양체질은 모든 일에 분명히 선을 긋는 성향이 있다. 그래서 사소한 일도 그냥 지나치지 못해 주위 사람들을 피곤하게 하기도 한다. 하지만 불급체질의 경우 심지가 강하지 못해 어느 정도 타협하는 편이므로 크게 걱정할 필요는 없다. 또한 화양체질이 가진 불같은 성격도 유의해야 하고, 특히 불급체질의 경우는 우유부단함도 경계해야 한다.

화양복합목체질 :
머리가 좋은 반면
실행력이 부족하다

화양체질에 복합목체질이 결합된 체질로서, 이 체질을 보면 가장 먼저 "머리가 참 좋겠네!"라는 말이 떠오른다. 머리가 좋다 보니 생각이 너무 많고, 공상하느라 시간을 다 보낸다. 무엇이든 너무 집착하는 편이라서 간혹 건강까지 해칠까 염려스러울 지경이다. 민감한 성향들의 결합이기 때문에 신경이 예민할 수밖에 없고, 신경성 질환이 걱정된다. 눈에 보이는 분명한 것을 좋아하므로 숨기고 있기가 쉽지 않다.

머리는 비상하지만 실천력이 떨어지므로 생각보다 얻는 것이 적은 경우가 많다. 공상만 많이 하지, 실제로 행동하지 않기 때문이다. 풍부한 아이디어를 현실로 만드는 재주가 있다면 금상첨화겠지만, 세상의 이치가 다 그런 것인지, 조금씩 부족한 부분을 남겨둔 것 같다. 오히려 이러한 약점 덕에 균형이 맞는 것인지도 모르겠다.

화양체질이 가진 급한 성질이 기본이므로 거기에 차분함을 보충하는 것이 본연의 장점을 고양하고 건강도 좋게 만드는 방법이다.

목체질은 시작과 계획을 의미하는데, 화양체질에 더해져 목의 성질이 강해졌다. 화양체질에 이러한 목의 기운이 결합하면, 마음만 크게 먹고 정작 실천은 안 하는 경향을 보인다.

또한 나무가 너무 많으면 그 속을 헤집고 다니기가 어렵다. 방해가 되는 게 많다 보니 '다른 사람이 하겠지' 하고 미루는 성향도 보인다. 이런 점은 단점으로 작용한다.

이런 사람들에게는 토의 기운도 필요한데 토는 스스로 중심을 잡고 시간을 알차게 활용할 수 있도록 도와준다.

결론적으로 말하면, 아이디어는 남들보다 월등히 많다. 하지만 행동하지 않고 생각의 심연 속으로만 깊이 파고들어 가는 게 문제다.

상대방을 존중하는 마음으로 부드럽게 말하고 차분하게 행동하는 것이 부족한 기운을 채워주는 길이다. 예의 바르게 인사하고 항상 웃는 얼굴을 유지한다면 단점을 보완할 수 있다. 스스로 중심을 잘 잡아나가면 의지력이 강해지므로 성적도 자연히 오르게 된다.

화양복합토체질 :
학습능력이 뛰어나지만
자만해선 안 된다

화양체질과 복합토체질이 결합한 체질로서, 기본이 화양이므로 느긋하게 마음먹는 것 자체가 어렵다. 생각 없이 말이 먼저 나오고, 행동도 가벼운 경향이 있다. 하지만 토의 기운이 결합되었기 때문에 그러한 단점은 상당 부분 보완되었다고 볼 수 있다.

토의 성질은 중심을 잡아주는 것이다. 불같은 성질을 가진 화양체질에게 '중심을 잡아주는 것'은 매우 중요한 장점이지만, 그렇다고 토의 기운이 너무 강해지면 본질에서 벗어날 수 있다.

토의 성질이 지나치게 강하면 자칫 융통성이 부족하거나, 자만심이 강해지고, 과거에 집착하거나 고정관념에 갇힐 수 있다. 때로는 자신의 판단을 과신하여 아집과 독선으로 흐를 수도 있다.

아이의 성향을 파악할 때는 눈에 보이는 부분들 중 어떤 것이 장점으로 나타나고 어떤 것이 단점으로 나타나는지를 관찰하는 것이 중요하다. 장단점을 종합해보면 현재 아이의 성향을 짐작할 수 있어 장점을 극대화시키고 단점은 보완하여 더욱 발전적인 방향으로 코칭할 수 있을 것이다.

화양복합토체질의 조합은 표현력이 우수하고 머리가 좋아 쉽사리 남의 논리에 지지 않고 자기의 주장을 똑똑히 내세우는 재주가 있다. 말싸움으로 이기려고 하면 녹록치 않음을 알 수 있을 것이다.

표현력이 좋으면 간혹 공부를 게을리하는 성향을 보이는 경우가 있는데, 이 체질을 가진 아이가 공부도 열심히 한다면, 원하는 바를 성취하고 어디서든 두각을 나타낼 것이다. 반대로 머리만 믿고 공부를 게을리하는 아이라면 걱정스러운 점이 있다. 이런 아이들은 말만 많고 수다스러운 데다, 대부분 오지랖도 넓어서 번잡스럽게 온갖 일에 참견하기 때문이다. 가끔 다양한 분야에서 재능을 보이는 경우가 많아 부모로서 무엇을 키워줘야 할지 몰라 고민스러울 수도 있다. 하지만 이 체질의 아이들은 배우기만 하면 무엇이든지 잘 표현해내고 인정받으므로 걱정할 필요가 없다.

결론적으로 말해서 화양복합토체질의 아이들은 항상 배우는 자세가 절실하다. 사실 학습능력이 뛰어나서 하나를 배우면 열을 아는 점이 있지만, 그러한 탁월함을 믿고 자만해서 공부를 게을리해서는 안 된다. 배워야 알게 되고, 아는 것을 표현해야 그것이 성공으로 돌아온다는 사실을 명심하자. 이 성공은 금의 속성으로 나타나 쉽게 허물어지지 않는다.

반대로 배움에 게으르면 말 속에 진실을 담을 수가 없으므로 허풍이 심한 사람이 될 것이며 남을 이용하는 나쁜 버릇을 가질 수도 있다. 거듭 강조하지만, 정말로 열심히 배우는 것이 중요하다.

화양복합금체질 :
결과에 집착하지 말고
침착함을 기르자

화양체질에 복합금체질이 결합된 체질로서, 화려한 귀금속이 산더미처럼 쌓여 있고 태양이 그 위를 비추고 있는 형상이다. 빛나는 보석들을 보니 얼마나 욕심이 나겠는가?

화양체질은 성질이 급해서 빨리 결과부터 보려고 덤빈다. 한 박자 참아도 되는데 결과가 궁금해서 견딜 수가 없다. 이런 성향을 가지면 공부에 집중하는 경우가 드물다. 하지만 공부에 조금만 더 애정과 흥미를 갖는다면, 공부도 잘하고 성공도 보장할 수 있는 체질이다. 공부를 열심히 해서 지력을 높인다면 이 모든 보석들의 주인이 될 것이다. 침착하고 차분하며 깊이 있는 생각은 기운을 상승시켜주기 때문이다.

목의 기운도 도움이 되는데, 계획을 세우거나 시작하는 데 능숙한 성향이기 때문이다. 이런 기운을 몸에 익히면 도움이 된다.

이성에 대한 관심이 많아서 가끔 이성교제가 공부에 지장을 주기도 한다.

이성교제는 때가 있는 법이고, 한창 공부해야 할 시기에 이성교제는 자신의 좋은 기운이 빠져나가게 하는 일임을 명심해야 한다.

노력 없이는 결과도 없다는 것을 되새기며 손에서 책을 놓지 말아야 한다. 어려운 상황에서는 대체로 부모의 의견을 따르는 것이 좋다. 성인이 된 후에는 무슨 일이든 시작하기 전에 심사숙고하고 만반의 준비를 한다면 성공이 보장된 셈이다. 또한 그 성공은 쉽게 허물어지지 않는다.

여기서 말하는 '만반의 준비'란 필요한 지식과 기술을 충분히 배우고, 주위에 힘을 실어줄 동료들을 가지는 것을 의미한다. 이 체질을 가진 사람들에게 좋은 동료는 정말 중요한 존재다. 이들은 동료로 인해 손해를 보기보다 도움을 받을 확률이 높다.

결론적으로 말해 결과에 너무 집착하면 집중력이 떨어지므로 좋은 성적을 기대할 수 없다. 마음이 잘 맞는 친구와 함께 공부하는 것이 효과적이다. 단, 이성문제는 미리 조심해야 한다. 화양복합금체질은 되도록 천천히 이성교제를 하는 것이 좋겠다. 그리고 부모의 의견에서 피를 얻고 살을 찌우는 체질이니 가급적 부모의 의견에 따르는 것이 이롭다. 이러한 점들만 잘 지켜나간다면 성인이 되어서도 큰 걱정이 없겠다. 매사에 심사숙고하는 습관을 익히고, 힘을 실어줄 수 있는 인맥을 다져놓는다면 성공은 보장된 것이나 다름없다.

화양복합수체질 :
원칙에 대한 집착을 버리고
융통성을 키우자

    화양체질과 복합수체질이 결합된 체질로서, 무엇이든 분명히 하고 넘어가야 하는 화양체질과 원칙을 고수해야 하는 수의 기운이 합쳐졌다. 무엇이든 명백히 밝혀야 하는 데다 원칙도 포기하지 못하는 스타일이니, '융통성이 부족한 사람'이라고 할 수 있다.

    이 체질을 가진 아이는 잘못된 것이라고 판단되면 눈에 보이는 대로 입바른 소리를 잘해서 가끔은 부모도 아이의 눈치를 보는 경우가 있다. 이런 아이들은 특히 건강에 유의해야 하는데, 지나치게 원칙에 집착하고 융통성 없이 행동한다면 건강에도 좋지 않다.

    어려울 때는 부모와 상의해본 후 부모의 조언에 따르는 게 유익한 경우가 많다. 평소에도 부모의 의견을 자주 듣고 참고하는 것이 좋다. 다행히 이 체질의 아이들은 대체로 이런 부모의 조언과 충고를 참견이나 잔소리라 생각하지 않는 경우가 많다. '부모'와 '공부'는 같은 역할과 속성을 가진 것이므로, 공부를 열심히 하는 것이 필수다. 누가 지켜보지 않아도 원칙을 지키는 성향을 가졌으므로, 부모가 늘 단속해야 할 필요는 없다. 적어도 나쁜 짓은 하지 않을 아이다.

반듯한 마음가짐에 예의 바른 행동과 말씨, 그리고 항상 미소 짓는 표정까지 갖춘다면 명예와 자존심이 높아질 것이며 자연스럽게 성공으로 가는 지름길을 알게 될 것이다. 이는 건강까지 지켜주는, 화양복합수체질에게 없어서는 안 되는 요소들이다.

결론적으로 이 체질의 아이들은 어른이 된 후 사회적으로 최고의 위치에 오를 수 있다. 하지만 이 명예는 양면의 칼날과도 같아서, 건강에는 별로 도움이 되지 않는다. 스스로 유연함과 융통성을 발휘하고 끊임없이 공부해야만 명예를 지킬 수 있다. 현재의 노력으로 착실하게 미래를 만들어간다는 사실을 명심하고 공부에 매진하는 것이 좋겠다.

화음체질의
아이

뛰어난 손재주와 독창성을
발휘하도록 격려해주자

火陰體質

화음체질의 성품 :
가치 있는 것을 만들어내는 뛰어난 창의성을 가졌다

    화음체질은 촛불, 모닥불, 용광로 등의 특성을 가지고 있다. 촛불은 방 안에서 은은하게 퍼지며 어둠을 밝힌다. 태양과는 다른 온화한 성격을 가졌다. 그래서 화음체질은 촛불의 온화함처럼 불쌍한 사람을 보면 그냥 지나치질 못한다. 예의 바르고 지극히 인간적이며 인정이 두텁고 헌신적이다. 자신을 태움으로써 빛을 만들어내는 촛불처럼 희생정신이 강하여 어려운 사람을 온몸으로 도와주는 사람들이 많다. 때문에 부모가 한두 번이라도 어려운 사람을 도와주는 모습을 보여준다면 아이 스스로 이러한 성향을 발현하여 혼자서도 선뜻 남을 도와줄 것이다. 이런 희생과 헌신은 자신을 위한 것이기도 하니, 그런 본성을 일찍이 깨우쳐주는 게 좋겠다.

    또한 화음체질의 아이는 한낱 쇳덩어리에 불과한 것을 가치 있는 것으로 재탄생시키는 용광로의 기질을 타고났다. 무쇠를 쓸모 있게 만든다는 것은 뛰어난 손재주를 가졌다는 말이다. 그래서 화음체질은 예능에 재주가 있는 경우도 많다. 의외로 소심한 면이 있어 대중 앞에서는 실력을 발휘하지 못하기도 하지만, 자신감을 심어준다면 그런 것쯤은 쉽게 극복할 수 있다. 이런 점을 상기시켜, 아이가 스스로의 독창성을 100% 발휘하게끔 격려해주는 게 좋다.

소극적인 성격을 보완해주자

촛불은 바람은 물론이고, 무언가가 주위를 스치기만 해도 금방이라도 꺼질 것처럼 반응한다. 화음체질은 이러한 촛불처럼 작은 변화도 민감하게 감지하며 불안해한다. 정서적인 안정을 돕는 것이 중요하므로 항상 자신감을 가질 수 있는 격려의 말을 해주는 것이 필요하다. 심리적으로 쉽게 위축되는 성향이기 때문에 소극적인 아이로 자랄 수 있으며 남들 앞에 나서기를 꺼릴 수 있다. 부모가 먼저 이런 성향을 인식하여 아이의 자존감을 다져주고, 내면을 강하게 단련할 수 있도록 신경 써야겠다.

촛불의 빛은 태양과 달리 멀리까지 가지는 않는다. 그래서 화음체질의 아이는 집에서는 난리 법석을 부리다가도 밖에만 나가면 기를 펴지 못하고 위축되는 경향이 있다. 어릴수록 이런 성향이 강한데, 크면 달라질 수 있으니 너무 다그치거나 걱정할 필요는 없다. 비록 안에서만 활달한 성향일지라도, 어둠을 밝히는 촛불처럼 관찰력이 뛰어나고 탐색에 능하며 끈질기게 연구하는 장점을 발견할 수 있기 때문이다.

목표를 잘 세우면 산만함을 없앨 수 있다

아이에게 심부름을 시켰는데 한참이 지나도 돌아오지 않는다. 이상해서 나가보니 심부름은 까마득히 잊고 흙장난에 빠져 있다. 이런 경우가 빈번하다면 화음체질일 확률이 높다. 잘하다가도 결국 엉뚱한 방향으로 가고 있는 모습을 종종 발견하게 될 텐데, 이런 경우가 많아지면 자신이 한 일에 대해 명분과 정당성을 부여하기 위해 자신을 과대포장하는 경우도 있다. 즉, 변명을 늘어놓는 데 익숙해진다는 말이다.

또한 화음체질은 작은 불씨나 촛불의 기질을 닮아 쉽게 동요하고 집중력이 부족하며 다소 산만하다. 목표를 세울 때 동기가 확실히 부여되지 않아서 생기는 현상이므로, 하고자 하는 것이 정확히 무엇인지, 왜 하는지 제대로 인식시켜주면 달라질 수 있다.

세밀하고 꼼꼼하게 일을 처리하는 재능을 가졌다

한 번 '훅!' 하고 불면 꺼져버리기는 하지만, 어쨌거나 촛불도 불임을 잊어선 안 된다. 불의 성향을 가지고 있어 성격이 급하고 싫증을 잘 낸다. 또한 상황에 따라 다르게 나타나기는 하지만, 화려한 것을 좋아한다. 급한 성격을 다스려주는 것이 좋겠고, 무슨 일이든 한 번 더 생각하고 행동하도록 가르쳐야 실수를 줄일 수 있다.

화끈한 불의 기질을 지녔으니, 뒤끝이 없고 화통할 거라 유추해볼 수 있겠지만, '화'의 기운이 상대적으로 약한 편이라 마음 한구석에 응어리가 남았을 경우 그것을 푸는 데 시간이 좀 걸린다. 한편 어둠 속에서는 큰 불을 피우는 것보다 작은 호롱불을 밝히는 것이 집중하는 데 더 유리하다. 이처럼 집중력이 필요한 세밀하고 꼼꼼한 일을 처리하는 데 재능이 있다.

화음체질의 코칭팁 :
심리적 안정감과
자신감을 심어주자

화음체질의 아이들은 손재주가 좋거나 예체능 분야에서 두각을 보이는 경우가 많다. 예민한 성격 때문에 소심한 기질을 내보이기도 하지만, 특유의 예민함은 창의성을 발현하는 데 없어서는 안 될 특질이기도 하다. 코칭팁을 정리하면 다음과 같다.

- 심리적 · 환경적인 변화에 민감하여 변화가 있을 경우 불안해한다. 안정감이 있어야 해야 할 일도 눈에 보인다.
- 관찰력이 뛰어나서 스치듯 지나간 것도 기억을 해낸다.
- 욱하는 성향이 있다. 성격이 급하고 엉덩이가 가벼운 경우가 많으므로 차분해지도록 신경 써주어야 한다.
- 예절 바른 성품이라 어른들에게 귀여움을 받는 경우가 많다.
- 사랑을 실천하는 진정한 박애주의자이며 인간미가 있다.

- 목표의식이 뚜렷하지 않은 경우가 많아 목표가 자주 바뀐다.
- 손재주가 좋은 것은 남다른 섬세함이 있다는 말이다.
- 낭만적인 분위기를 만드는 재주가 있고 즐길 줄도 안다.
- 섭섭한 일이 생기면 곧바로 표현하지 않고 오래 간직하는 편이다.

화음체질의 아이들은 일단 심리적 환경변화에 예민하다. 주변 환경이 자신을 위축시키는 경직된 분위기라면 다른 체질보다 더 심하게 불안감을 느낀다. 이는 소극적인 성격으로 굳어질 수 있기 때문에, 이런 체질의 아이들에게는 항상 자신감을 심어주고 정서적 안정감을 유지하도록 돕는 게 중요하다. 사람들과 어울릴 수 있는 기회를 만들어주거나 자진해서 발표를 해보도록 유도하는 것도 좋은 방법이다.

또한 화음체질의 아이들은 관찰력이 뛰어나고 새로운 것을 발견하는 재주가 있다. 발명왕인 에디슨도 화음체질인데, 그가 마침 화음체질에 비유되는 전구를 발명했다는 사실은 우연 치고는 참 재미있는 일이다.

이러한 재능을 잘 살려주면 아이의 학자적 기질을 키워주는 데 도움이 된다. 또한 '끈질기게 노력하면 모든 것이 가능하다'라는 신념을 심어줘야겠다.

부모가 유의해야 할 점은, 아이의 체질적 특징이 단점으로 굳어지기 전에 잠재된 재주를 밖으로 끌어내 장점으로 만들어주는 것이다. 스스로에 대한 믿음을 키워준다면 대중 앞에서도 주눅 들지 않고 잘해낼 수 있을 것이다.

한편 이런 아이들은 공부든 운동이든, '내가 이것을 왜 해야 하는가?'에 관한 동기부여가 확실히 되지 않으면 목표의식을 쉽게 잃어버릴 수 있다. 더욱이 성격이 급하고 싫증을 잘 내는 데다 화려한 것에 현혹되기 쉬워서, 목표를 이루기도 전에 목표대상을 바꿔버릴 수 있다는 말이다. 따라서 목표를 세웠을 때 그 목표를 끝까지 달성해야 하는 이유와 방법을 스스로 인식할 수 있게 지도하는 것이 중요하다.

화음체질은 불이 뜨거운 만큼 성격이 급하고 잘 잊어버린다. 무슨 일이든 한 번 더 생각하고, 항상 메모하는 습관을 가져야만 실수를 줄일 수 있다.

화음체질은 성격 면에서 아주 큰 장점을 가지고 있다. 어두운 곳을 밝혀주고자 하는 본능을 가지고 있기 때문에 온화하고 인정이 많다. 처지가 어려운 사람을 보면 안타까워하면서 작은 도움이라도 주어야 마음이 편해지는 체질이다. 따라서 화음체질을 가진 사람과는 사적으로 친분을 쌓기가 용이하다. 개인적인 문제를 꺼내놓고 조언을 구하는 이에게도 성의껏 협조한다.

요즘 세상에 마음이 약하다는 것은 단점이 될 때도 있지만, 때에 따라서 큰 장점이 된다. 친절하고 예의 바르기 때문에 부모자식 간이든 선후배 사이든, 동료지간이든, 무리 없이 좋은 관계를 맺을 수 있다.

뿐만 아니라 화양체질과 마찬가지로 외모에 관심이 많기 때문에 깔끔하고 세련된 모습을 보이는 것도 관계를 돈독히 하는 데 도움이 될 수 있다. 낭만적인 분위기를 좋아한다는 것 역시 기억해두자. 교류에 문제가 생겼다면 이러한 취향들을 활용해 원만히 풀어나갈 수 있을 것이다.

건강을 보호해주거나 치료에 이로운 색 : 황색, 갈색
기운을 북돋워주거나 공부에 이로운 색 : 파란색, 초록색
건강을 위해서 피하는 것이 좋은 색 : 검은색
공부할 때 이로운 방향 : 동쪽

화음체질의 진로와 적성 :
관찰력과 봉사정신으로 부가가치를 높이는 일을 하라

화음체질의 인물로는 발명왕 토머스 에디슨, 지동설을 주장한 갈릴레오 갈릴레이, 다산 정약용, 축구선수 박지성 등이 있다.

에디슨은 화음체질의 특성을 잘 보여주는 인물로서, 호기심이 왕성하고 관찰력이 뛰어났으며, 새로운 것을 잘 찾아내는 장점이 있었다. 지구력과 고집이 장점으로 드러난 경우라고도 볼 수 있다. 갈릴레오 갈릴레이 역시 같은 장점을 잘 드러냈다.

화음체질은 온화함으로 자신의 희생을 감수하고서라도 봉사하는 성정을 가졌는데, 다산 정약용은 민본사상에서 그러한 점을 강조했다. 촛불이나 모닥불이 가진 희생정신을 발휘해서 지극히 인간적인 모습과 두터운 인정, 헌신을 보여준 대표적인 인물이라 할 수 있다.

축구선수 박지성에게는 2개의 심장을 가진 선수, 타고난 체력과 성실함, 순둥이 등의 수식어가 따라다닌다. 박지성은 그라운드에서 자신을 드러내기보다는 뛰어난 조력자 역할을 할 때가 많은데, 남보다 조금이라도 더 뛰는 그의 성실한 플레이는 화음체질이 가진 희생정신을 보여주는 것이다. 목표 의식이 뚜렷하다는 것은 화양체질이 지닌 장점인데, 박지성은 그러한 점까지 갖추고 있기 때문에 한국 축구의 대들보가 된 것이다.

직업은 자영업이나 사업보다는 직장생활이 적합한 것으로 보인다. 남을 위해 봉사하는 대표적인 체질이므로 이러한 장점을 크게 살려볼 수 있는 분야가 좋다. 또한 말로 돕기보다는 힘들어도 직접 몸으로 돕는 사회복지사, 민원봉사를 담당하는 공무원, 자원봉사단체 활동도 권할 만하다.

한밤중에 잃어버린 물건을 찾을 때 작은 손전등이 가장 요긴하듯이 화음 체질은 숨어 있는 것을 잘 찾아내는 장점이 있다. 이런 능력을 계발하여 사건을 해결하는 경찰, 검사, 변호사 등의 직업을 택하는 것도 적성에 맞다. 새로운 것을 개발해내는 연구직도 좋다. 사업을 한다면 하찮아 보이는 것을 화려하게 만들어서 부가가치를 높이는 사업이 좋으며, 작고 화려한 것을 만드는 일이라면 더욱 좋다.

화음체질은 주위의 조언에 늘 귀를 기울여야 하며 평생 일을 해야 하는 체질이다. 돈을 벌기 위해서라기보다는 본인의 건강이나 마음을 다스리기에 더 유익하기 때문이다.

적성 분야 – 인문 계열, 의학 계열, 이공 계열, 법학과, 공군, 섬유학과, 언론정보학과, 의상학과, 정신과, 신경외과, 방사선과, 한의학과, 전기전자 통신 계열, 컴퓨터 계열, 사회복지 계열 등.

화음과체질 :
지나친 것은
조금 덜어내자

화음과체질은 큰 촛불에 비유할 수 있다. 촛불은 바람이 불거나 주위에 뭔가 지나가면 금방이라도 꺼질듯이 불이 작아지지만, 큰 촛불은 변화에 덜 민감하다. 그러나 기본체질에 비해서 그렇다는 것이지 주변의 영향을 전혀 받지 않는다는 것은 아니다.

화음체질은 불안정한 환경에서 정서적 안정을 유지하기가 어렵다. 항상 자신감을 북돋워주는 말을 해주어서 변화에 당당하게 맞서도록 하는 것이 좋겠다. 본래 쉽게 위축될 수 있는 아이라는 점을 부모가 먼저 이해해야 할 것이다. 무쇠를 쓸모 있게 만든다는 것은 뛰어난 손재주를 암시한다. 예술 분야에 재능이 있는 경우도 많다. 의외로 소심해서 대중 앞에서는 실력을 발휘하지 못할 수도 있으므로, 대담해지도록 코칭하는 것이 중요하다. 반드시 기본체질을 먼저 읽어보고 비교하면서 이해하기 바란다.

모닥불은 뜰 안 전체를 밝힌다

구석 언저리를 비추는 것이 촛불이라면, 모닥불은 뜰 안 전체를 밝힌다. 여기에서 모닥불을 과체질의 성향이라고 이해하면 된다. 다시 말해, 기본체질보다 타인을 생각하는 마음이 더 넓고 깊다는 것이다. 가까운 이웃을 넘어서 더 먼 곳에까지 인정을 베풀고 마음을 나눌 준비가 되어 있는 체질이다.

또한 기본 화음체질은 밖에 나가면 기를 잘 못 펴는 반면, 화음과체질은 그런 경우가 드물다. 관찰력이 뛰어나고 숨어 있는 것을 찾아내는 재주가 비상하며, 끈질기게 연구하는 기본 화음체질의 성향을 그대로 지니고 있다.

곁길로 빠지는 습성, 반드시 고치자

다른 길로 새는 기본 화음체질의 성향을 기억하는가. 화음과체질은 그러한 성향이 더 강하다. 자신이 해야 할 일을 알고 있는데도 어쩌다 보면 원하던 것과 전혀 다른 일을 하고 있는 경우를 보게 될 것이다. 목표를 세울 때 확실한 동기를 찾지 못해서 생기는 현상이다. 그러므로 목표를 이뤄야 하는 이유와 당위성에 대해 명확하게 인식시킨 후, 아이의 고집을 누그러뜨려줘야 한다. 과체질인 경우 그 정도가 더 심하기 때문에 아이가 고집을 부리기 시작하면 힘들 수 있으나 포기하면 안 되겠다.

예의가 바르고 누구에게나 아낌 없이 베푼다

자신을 태워 빛을 내는 촛불은 흔히 '희생정신'을 비유하는 말로 쓰이곤 한다. 기본 화음체질도 그러하지만 과체질 역시 그런 성향을 지니고 있다. 인정이 많기 때문에 사정이 어려운 사람을 보면 쉽게 지나치지 못하고 오래도록 마음 아파하는 온정을 가지고 있다.

인정을 베푸는 데 몸을 아끼지 않고, 누구에게든 예의가 바르다. 지극히 인간적이고 헌신적인 성품을 가졌다. 천성적으로 따뜻한 마음씨를 타고났기 때문에 부모가 어려운 사람을 도와주는 모습을 보인다면 혼자서도 남을 도와줄 것이다. 이러한 희생과 봉사를 달갑게 생각해야 한다. 희생정신이 강한 만큼 스스로가 발전하고, 성공의 길이 열리기 때문이다. 본연의 인정과 희생정신이 잘 발휘되도록 이끌어주고 보듬어줘야겠다.

한낱 촛불도 열을 내고 빛을 발한다. 과체질은 그 성향이 더 강하게 나타나니 더 많은 열과 더 강한 빛을 낸다고 보면 되겠다. 즉, 기본체질에 비해 성격이 더 급하고 싫증을 잘 내며, 화려한 것을 선호하는 성향 역시 더 강하다는 것이다. 이것이 지나치면 과격한 행동으로 이어질 수도 있으니 평소에 아이의 행동양상을 주의 깊게 지켜봐야 한다. 서두르기보다는 매사에 신중하게 생각하고 행동하는 훈련을 해 급한 성격을 누그러뜨려주는 것이 좋겠다. 따뜻한 마음도 가졌지만, 반면 꽁한 성격을 가졌다는 것도 참고로 알아두자.

화음불급체질 :

더 유용하고 더 큰 불씨가 되도록 노력하자

기본 화음체질은 촛불, 모닥불, 용광로 등의 특성을 가지고 있지만 불급체질은 연약한 촛불, 혹은 불씨가 잦아든 화로에 비유되는 경우가 많다. 화음불급체질은 온기를 제대로 만들어내지 못하여 자신의 가치를 제대로 발휘하지 못하는 상황이다. 의지가 약해지니 혼자 속을 끓이기 쉽다. 응당 자신의 힘으로는 벅차기에 불을 댕겨줄 수 있는 매개체가 필요하다.

우선은 부모가 곁에서 조력자가 되어 아이 스스로 스트레스를 이겨낼 수 있도록 힘을 길러줘야 하겠다. 그리고 아이가 자라면서 또 다른 조력자를 만날 수 있도록 지도해주는 것도 잊지 말아야 한다. 심혈관계 질환 및 신경성 질환을 겪을 수 있으니 유의하도록 한다. 기본체질의 성향을 먼저 숙지한 후 불급체질의 특징을 추가적으로 알아두도록 하자.

작은 촛불은 환경의 변화에 더 민감하다

작은 촛불은 주위에 미동만 있어도 금방 꺼져버릴 듯 일렁인다. 화음불급 체질은 작은 촛불과 같아서 소소한 변화도 날카롭게 감지하여 불안해할 수 있다. 정서적인 안정이 가장 중요하므로 항상 자신감을 북돋워주는 것이 좋다. 심리적인 위축이 계속되면 소극적인 아이로 자랄 수 있다. 그러므로 부모가 아이의 성향을 먼저 이해하고 자신감을 키워주는 데 최선을 다해야 할 것이다. 불급체질의 경우 심리적 불안정으로 인해 심장이 약해지거나 신경성 질환을 앓을 수 있으니 이런 점 또한 유심히 살펴야겠다.

촛불은 작고 약해서 멀리까지 훤하게 비출 수는 없다. 화음불급체질의 아이는 집 안에서는 활기차게 놀다가도 밖에만 나가면 기를 못 펴는 경향이 있다. 어릴수록 이런 경향이 심한데, 크면서 나아지기도 한다. 한편 관찰력이 뛰어나 남들이 간과하는 것을 잘 발견하고 문제의 답을 도출해내는 재주가 남다르다. 연구 직종에 알맞은 성향이라는 점은 기본체질과 같지만, 끈기가 다소 부족하다는 점은 짚고 넘어가야 할 것이다.

목표가 명확하지 않거나 동기가 약하면 해야 할 일을 끝까지 마무리하지 못하는 경우가 왕왕 있을 것이다. 이런 단점은 일의 당위성을 다시 한 번 인식시켜줌으로써 차차 고쳐나갈 수 있다. 불급체질은 우유부단한 성향이 있어 목표 설정 자체를 어려워할 수 있는데, 이런 점을 해결하려면 부모가 곁에서 함께 지혜를 모아야 할 것이다.

불쌍한 사람을 보면 그냥 지나치지 못한다

기본체질과 마찬가지로 화음불급체질 역시 인정이 많아서 불쌍한 사람을 보면 그냥 지나치지 못하고 마음 아파한다. 따뜻한 온기를 가지고 있으므로 훈훈한 인정을 베풀 줄 알고 예의가 바르며 지극히 인간적이고 헌신적이다. 자발적으로 희생정신을 발휘하는 것은 곧 자신의 발전을 이끌어내는 길이다. 단, 불급체질의 경우, 마음은 굴뚝같은데 몸이 따르지 않아서 생각한 대로 일을 진행시키지 못하는 경우도 있다. 건강에 특히 유의하면서 마음먹었던 바를 차근차근 구체화시키는 방법을 익히도록 옆에서 도와주자.

무쇠를 녹여 쓸모 있는 농기구를 만든다

작은 촛불이지만, 그래도 불은 불인지라 성격이 급하고 싫증을 잘 내는 기본체질의 성향을 그대로 가지고 있다. 화려한 것을 좋아하는 취향 역시 마찬가지다. 늘 한 번 더 생각하고 행동하는 습관을 길러주는 것이 가장 중요하다.

손재주가 좋고 예술 분야에도 재능이 있지만, 의외로 소심한 타입이다. 대담해지도록 코칭해주는 것이 급선무다. 게다가 불급체질은 무쇠를 녹일 정도의 힘은 없으므로 자신의 일을 힘들어하는 경우가 많다.

화음복합목체질 :
상대방을 존중하고 차분하게
행동하도록 이끌자

화음체질에 복합목체질이 결합된 체질로서 심리적인 환경변화에 민감하다. 신경이 예민할 수밖에 없으므로 신경성 질환을 주의해야 한다.

이 체질은 부모에게서 벗어나고 싶어 하는 기운도 있는데, 간혹 부모가 하는 모든 이야기를 잔소리로 여기기도 한다. 이 체질의 아이들은 생각이 많다. 그렇지 않아도 머릿속이 복잡한데, 부모가 이것저것 요구하면 부모의 말이 올바르게 전달되지 않는다.

성격이 급하고 깜빡깜빡 잘 잊어버리는 습성도 있어 이로 인한 실수가 잦다. 게다가 머리는 비상하게 좋지만 실천력이 떨어져 생각보다 얻는 것이 적은 경우가 많다.

은근히 소극적인 성향이 있으므로 어릴 때부터 스스로 발표를 하도록 독려하여 표현력을 길러주는 것이 좋다. 이러한 표현력은 성과를 만들어내는 전 단계인 것이다.

동기부여가 확실하지 않으면 목표의식을 잃을 수 있어 공부할 때도 제대로 하지 못한다. 마찬가지로 나중엔 전공을 살리기 어렵고 자신이 공부한 것을 써먹기도 어려워진다. 그러므로 동기와 목표의식을 확실히 심어주는 데 힘써야겠다.

풍부한 아이디어를 현실화하는 재주를 갖춘다면 금상첨화이겠지만 조금씩은 부족한 부분이 있어야 균형이 맞을 수도 있다. 아이디어를 실현하는 데 힘쓰는 것이 좋겠다.

기본 화음체질이 가진 성향을 그대로 가지고 있어서 성질이 급하다. 차분함을 기르는 것이 재주를 더욱 빛나게 하고 건강도 좋아지게 하는 방법이다.

목은 시작을 의미하기에 의지력과 실천력도 강하지만, 화음체질과 결합할 때 목의 성질이 너무 강해지면 계획만 세우고 결심만 단단히 하고 정작 실천은 하지 않는 경향을 보인다. 나무가 많다고 해서 무조건 좋은 것은 아니다. 마찬가지로 서로 '내가 먼저 하겠다'는 식으로 잘 협동하기보다는 '다른 사람이 하겠지' 하고 미루게 되는 경우도 있다.

결론적으로 화음복합목체질은 생각이 너무 많은 게 문제다. 아이디어는 넘치도록 많지만 실천이 따르지 않는다. 머릿속으로만 파고들지 말고 실천하도록 독려하는 것이 좋겠다. 부드러운 말씨와 상대방을 존중하는 마음을 갖고 차분하게 행동하는 것이 부족한 표현력을 채워주는 방법이다. 언제 어디서나 예의 바르게 인사하고, 늘 웃는 얼굴을 유지한다면 단점이 보완되어 성적도 좋아질 것이다.

화음복합토체질 :

탁월한 표현력과
지력을 더욱 개발시켜주자

　화음체질에 복합토체질이 결합된 체질로서 심리적인 환경변화에 민감한 편이다. 원래는 감정을 밖으로 표출하지 않고 마음속에 쌓아두는 성향을 가지고 있는데, 자라면서 점점 외향적인 성격으로 바뀌는 경우가 많다. 기본 화음체질처럼 성격이 급한 경우가 많고 깜빡깜빡 잘 잊어버리는 습성도 있다. 한 번 더 생각하고 행동하도록 가르쳐 실수를 줄이도록 하고, 메모하는 습관을 갖도록 하는 것이 좋겠다.

　이 체질의 아이들이 공부할 때는 동기가 중요하다. 동기부여를 확실하게 해두지 않으면 목표의식을 잃을 수도 있으므로 '왜 공부를 해야 하는지', '목표를 어느 정도로 잡을 것인지'를 스스로 정하도록 도울 필요가 있다. 생각 없이 말이 먼저 튀어나와 곤경에 처할 때도 있지만, 중심을 잡는 '토'의 성향 때문에 그런 단점은 상당 부분 보완될 수 있겠다.

화음복합토체질의 아이는 표현력이 우수하고 머리가 좋아 쉽사리 남의 논리에 지지 않고 자신의 주장을 펴나가는 재주가 있다. 그러므로 말로 설득하기에는 녹록치 않을 것이다.

표현력이 좋다는 것은 생각하는 힘이 있다는 의미지만, 좋은 머리를 믿고 공부를 게을리하는 성향을 가진 경우도 많다. 이런 경우 말만 많고 오지랖만 넓어서 온갖 일에 참견하는 수다스러운 아이밖엔 안 될 것이다. 반대로 성실하게 공부하는 아이라면, 원하는 일을 성취할 수 있을 것이며 좋은 머리와 성실함이 결합해 어디서든 두각을 나타낼 것이다.

이 체질의 아이는 머리가 좋아서 무언가를 배우기만 하면 곧잘 표현해내므로 인정을 받는 데는 걱정이 없다. 결론적으로 표현력이 우수하고 머리가 좋으니 이러한 점은 큰 장점이라고 볼 수 있다. 물론 키우는 일은 녹록치 않겠지만, 부모가 이런 점을 잘 간파하고 학업에 충실할 수 있도록 곁에서 잘 인도한다면 성인이 된 후에 자신이 원하는 분야에서 맘껏 능력을 펼칠 것이다. 반대로 배움을 게을리하면 성공은커녕 허풍쟁이로 낙인찍히기만 한다는 사실을 염두에 두자. 자칫 자신의 재능을 믿고 학업을 소홀히 하지 않도록 주의시켜야 한다.

화음복합금체질:
친구들과 잘 지내는 것이
큰 도움이 된다

화음체질에 복합금체질이 결합된 체질로서 관찰력이 뛰어나고 새로운 것을 발견하는 재주가 있다. 이런 특기를 잘 살려주면 발명가로서의 면모를 키워줄 수 있다. 이 체질을 가진 아이들은 '끈기 있는 노력이 모든 것을 가능하게 한다'는 사실을 늘 명심하도록 지도해야 한다.

화음체질은 희생정신과 봉사정신이 강하고 예의가 바르며 어려운 처지에 놓인 사람을 돕는 일에 앞장서는 경우가 많다. 복합금체질이 결합됨으로써 변화되는 부분이 많긴 하지만, 그래도 기본체질이 가진 따뜻한 본성은 늘 남아 있다.

복합체질이긴 해도 기본은 화음체질이라 성질이 급하다. 무슨 일이든 빨리 결과를 보려고 하는 경향을 나타낸다. 한 박자 쉬고 나서 시작해도 되는데 성급하게 뛰어들어 손해를 보기 쉽다. 결과가 궁금해서 못 견디기 때문이다. 성급함 때문에 결국 손해를 보고 나중에 가서 후회하게 된다.

과정보다는 결과에 매달리다 보니, 정작 공부는 게을리해놓고 결과가 안 좋으면 '실수를 많이 해서 성적이 나쁘게 나왔다'고 변명할 때가 많다. 좋지 않은 결과를 자기 탓이라고 시인하기 싫은 것이다. 공부에 흥미를 갖는 경우는 드물며, 돈이나 결과에 집착하는 체질이므로 철저히 계획하고 배우는 힘을 길러야 한다. 다행히 공부에 관심이 많고 책을 좋아해서 공부하는 게 습관으로 정착된 아이라면 원하는 것을 대부분 이룰 수 있는 기운을 가지고 있다고 봐도 좋다.

무슨 일이든 심사숙고하고 만반의 준비를 갖춘 후에 시작한다면 성공은 보장되어 있고, 그 성공이 쉽게 허물어지지 않는 속성을 가지고 있다. '만반의 준비'란 충분히 배우고 주위에 힘을 실어주는 동료들을 만드는 것을 말한다. 화음복합금체질에게 좋은 동료는 정말 중요한 역할을 해줄 귀중한 존재다. 동료로 인해 손해를 보는 경우도 없지 않지만, 이런 체질을 가진 사람들은 동료들의 도움을 받을 확률이 크다.

또한 남자라면 여자를 가까이하는 것은 좋지 않다. 특히 소위 '양다리'라고 불리는, 여러 사람과 교제하는 행동은 절대 해서는 안 된다. 이성과는 그냥 친구로 지내는 정도가 좋겠다. 결혼 후에도 이성관계가 복잡하다면 인생을 망치는 지름길로 가는 것이라는 사실을 명심하자.

결론적으로, 이 체질을 가진 아이는 결과에 너무 집착하지 말아야 한다. 결과에 집착하다 보면 큰 실수를 저지르기 쉽다. 어릴 때는 공부가 자신을 빛나게 해주는 가장 훌륭한 도구이므로, 공부를 열심히 하면 좋은 결과를 얻을 것이다. 친구들과 좋은 관계를 맺는 것은 큰 도움이 되므로 좋은 친구를 많이 만들어두는 것이 좋다. 단, 이성친구에 관해서는 올바르게 처신해야 공부에 방해받지 않을 것이다.

화음복합수체질 :
자연스럽게 리더의 자질이
드러나게 해주자

화음체질에 복합수체질이 결합된 체질로서, 주변 환경에 예민한 편이다. 자신을 위축시키는 분위기가 만들어질 경우 다른 체질보다 더 큰 불안감을 느껴 소극적인 아이가 될 수 있으며, 심하면 신경성 질환이 생길 위험도 있다. 이 체질의 아이들에게는 항상 자신감을 심어주는 말을 해주고 정서적인 안정을 유지하도록 돕는 게 중요하다. 혼자 놀게 하지 말고 항상 친구들과 함께 있도록 하는 것이 좋다. 공부도 마찬가지다. 혼자 하는 것보다는 여럿이 함께 할 때에 안정감을 갖는다.

기본은 화음체질이기 때문에 성격이 급한 경우가 많고 잘 잊어버리는 습성도 있다. 이로 인한 실수를 자주 저지르지만 수체질과 복합되어서 어느 정도 보완되었다고 볼 수 있다. 무슨 일이든 한 번 더 생각하고 메모하는 습관을 갖자.

원래 수의 성질은 유연함이다. 하지만 복합수체질은 원리원칙을 중요하게 생각하는 성향을 지닌 것으로 이해할 수 있다. 친구들 사이에서 자주 입바른 소리를 한다면, 자칫 교우관계가 안 좋아질 수도 있으므로 적당한 선에서 자제하는 법을 부모가 알려주는 것이 좋다. 융통성 없이 아무데서나 원칙을 들이미는 것은 건강에도 좋지 않다.

어려울 때는 부모와 상의해서 결정하는 것이 좋다. 특히 화음복합수체질은 부모의 의견을 자주 듣고 참고하는 것이 좋다. '부모'와 '공부'는 같은 속성이라서, 공부를 열심히 하는 것이 필수다.

누가 지켜보지 않아도 원칙을 지키는 성향을 가졌으므로 부모가 늘 지켜볼 필요는 없다. 가만히 놔둬도 나쁜 짓은 하지 않을 아이다. 거기다 예의 바른 행동과 말씨, 그리고 웃음까지 갖춘다면, 명예와 자존심이 높아질 것이며 성공으로 가는 길도 쉽게 열릴 것이다. 이러한 행동들은 이 체질을 가진 아이들의 건강까지 지켜주는, 중요한 행동들이다. 열심히만 한다면 최고의 자리에 오를 수도 있다.

결론적으로, 학교생활에서 자연스럽게 리더의 자질이 보이는 아이라면 아주 훌륭한 재목이 될 가능성이 크다. 본인이 가진 장점을 그대로 드러내는 것이므로, 건강문제만 신경을 써주면 특별히 걱정할 것은 없다.

하지만, 매사에 자신감이 없고 한 걸음 뒤로 물러서는 스타일이라면, 왜 그렇게 위축되었는지 원인을 찾아서 해결해주어야 한다. 올바른 인성과 자신감을 길러주는 데 부모가 발 벗고 나서야 하며, 건강문제에도 신경을 써주어야 한다. 이 체질의 아이들은 자신이 가진 수의 성질을 이용하여 유연함을 기르고 융통성을 발휘해야 하며, 공부도 게을리하지 말아야 하겠다.

토양체질의 아이

진로를 일찍 파악해
소신 있게 밀고 나가도록
지도하자

土陽體質

토양체질의 성품 :
중립적인 자세로
만물을 포용한다

토양체질은 큰 산, 둑, 댐 등의 특성을 가지고 있다. 포용력을 지닌 산처럼 마음이 넓고 이해심도 깊다. 아이답지 않은 관용과 용서의 마음을 지니고 있어 주위로부터 사랑을 한 몸에 받겠다. 또한 소신이 강하고 주체의식이 남달라 남과 상의하기보다는 자신의 기준에 따라 결정하는 대담함도 보인다. 혹여 지나칠 경우 융통성이 부족해질 수 있으니 이 점은 잘 코칭해주어야 한다.

깊은 산처럼 자신의 내면을 잘 내보이려고 하지 않는 경우도 있다. 자신의 속마음은 물론이고 타인의 비밀 역시 잘 지킨다고 볼 수 있다. 이런 점은 굳이 없애려 들지 말고 장점으로 키워주는 것이 좋다. 단, 아이가 자기 안에 갇혀 지내지 않도록 마음을 열어주는 노력은 있어야 할 것이다.

명예보다는 돈에 관심을 가지는 경우가 많은 체질이다. 토양체질이 큰 산, 둑, 댐의 기운을 가지고 있어서 그런지 댐 안에 항상 물이 채워져 있기를 희망하는 것이다. 그 물은 바로 돈을 뜻하는 것이고, 이러한 성향을 지닌 아이는 나이에 어울리지 않게 구두쇠 노릇을 하는 경우도 있다. 돈에 대한 집착이 심해지지 않도록 미리 신경을 쓰는 것이 좋다.

원만한 교우관계에 신경 쓰자

산이나 둑은 항상 같은 곳에 있고 변화가 없다. 마찬가지로 토양체질의 아이들은 개성이 별로 없는 경우가 많다. 이래도 "응." 저래도 "응." 하는 식이 많으므로 생각을 분명하게 표현하는 법을 가르쳐야 하겠다.

한편 생각하거나 말할 때 지나치게 원리원칙에 얽매이는 경향이 있다. 대립된 양쪽 사이에서 경계에 서 있는 것과 같기 때문에, 한쪽을 편드는 일은 웬만하면 하지 않는다. 이를 굳이 단점이라고 볼 수는 없으나, 간혹 이로 인해 다른 누군가가 서운해할 수 있으니 교우관계에 있어서 원만하게 행동하도록 가르쳐야 한다.

토양체질의 아이들은 원리원칙을 중요하게 생각하다 보니 상대방의 마음을 잘 헤아리지 못하는 경우가 가끔 있다. 가령 친구가 위로받고 싶어서 하소연을 늘어놓았는데 그런 마음을 눈치 채지 못하고 위로는커녕 잘잘못을 따지니 상대방이 오히려 무안해지게 되고, 그 때문에 관계가 어색해지는 것이다. 그러므로 원리원칙을 고수하되 대인관계에서 문제를 일으키지 않는 선에서 자중하는 법을 알려줘야 할 것이다.

이런 점만 유의한다면 지역과 지역의 경계에서 양쪽을 모두 아우르는 큰 산봉우리 역할을 해낼 수 있다. 분쟁이나 갈등관계에서 시시비비를 쉽게 분별하는 장점으로 발전할 수 있으므로 유능한 카운슬러나 판검사로서의 미래도 그려볼 만하다.

산이 동식물을 키워내듯이 양육에 능하다

'산이 터를 잡는다'는 말은 아이의 적성을 파악해서 진로를 일찌감치 정한다는 말이다. 산이 빨리 자리를 잡아야 그 안에서 초목이 자라고 동물들이 모여드는 것처럼 아이의 적성을 파악하는 것이 시급하다고 할 수 있다.

아직까지 진로에 대해 생각해보지 않았다면 대략적인 조감도나마 머릿속에 그려두고 차근차근 구체화시켜가는 것이 좋다. 또한 토양체질의 아이들은 한 자리에서 수천 년을 군림하는 봉우리처럼 고집이 세다는 점도 참고해야겠다.

초목이 자라는 환경이 되고 동물의 삶터가 된다는 것은 양육을 의미하기도 한다. 따라서 규모가 큰 교육계로 장래를 생각해보는 것도 나쁘지 않다.

산속 어딘가에는 가파른 절벽이 도사리고 있다

멀리 보이는 산의 웅장함과 장대함은 자연의 위대함을 느끼게 하고 경외심마저 불러일으킨다. 하지만 기세등등한 산일수록 속에는 가파른 절벽이 숨어 있게 마련이다. 토양체질은 간혹 가파른 절벽처럼 내면에 사려 깊지 못하거나 거친 성향을 가진 경우도 있다. 때로는 무뚝뚝해 보이기도 하며, 무섭게 화를 내는 경우도 있다. 이러한 점은 체질적인 성향 때문이니 당황하지 말고 담담하고 현명하게 대처해야 할 것이다.

토양체질의 코칭팁 :
일찌감치 진로를 파악해서
한 우물을 파도록 돕자

토양체질의 아이들은 어린 나이임에도 마음이 넓어 타인에 대한 이해심이 남다르며, 남의 실수에 대해 관대한 편이다. 그렇다고 마냥 무르기만 한 것으로 보면 오산이다. 주체의식이 강하고 소신이 확실한 스타일이라서 본인의 문제는 다른 사람과 상의하기보다는 스스로 결정하는 경우가 많다. 매사에 긍정적이지만 그런 점이 지나치면 스스로 고정관념에 갇히거나 융통성이 부족해질 수 있으므로 이 점을 유의하여 잘 이끌어줘야겠다. 코칭팁을 정리하면 다음과 같다.

- 말과 행동에 신뢰감이 있으며 듬직한 느낌을 준다.
- 마음이 넓어 배려심이 많고 남의 의견을 잘 수용하기도 한다.
- 자신의 문제에 대해 외부에서 해결책을 찾기보다는 스스로 해결한다.
- 좋고 나쁨을 잘 표현하지 않는 편으로, 속을 알 수 없는 경우가 많다.

- 객관적인 성향이므로 일방적으로 한쪽 편을 들어주지 않는다. 공과 사를 엄격하게 구별한다.
- 겉보기보다 은근히 고집이 세다. 이런 고집은 두드러지지 않아 지적하기도 어렵다.
- 매사에 목표를 미리 세워두도록 하는 것이 좋다.
- 교육과 관련된 일에 소질이 있고, 대체로 스케일이 큰 편이며 경영을 잘한다.
- 중재자의 역할을 훌륭하게 수행하므로 법조계나 카운슬링 쪽도 좋다.
- 가만히 있으면 무뚝뚝해 보이니 되도록 많이 웃는 것이 좋다.

요약해보면 토양체질의 아이는 상황변화에 쉽게 동요하지 않는 듬직한 체질이다. 말과 행동이 가볍지 않아 남의 비밀을 잘 지켜주기 때문에 사람들로부터 많은 신뢰를 얻는 편이다. 이와 같은 성향들을 장점으로 키워 나간다면 유능한 카운슬러나 중개인, 혹은 교육가로 성장할 수 있다. 그러나 자칫 이런 태도가 무미건조하거나 개성이 없는 사람처럼 보이기도 한다는 점은 주의해야 한다.

자녀가 토양체질을 타고났다면 체질상 한 우물을 파도록 지도하는 것이 좋다. 그러자면 일찌감치 부모가 아이의 적성을 파악하는 것이 중요하다. 수천 년을 한 자리에서 버티는 산맥처럼 한 번 직업을 정하면 쉽게 바꾸지 않는 것이 좋기 때문에 진로와 목표를 정해두고 어렸을 때부터 매진하도록 하는 것이 현명하다. 하지만 처음부터 진로를 정확하게 정하기란 쉬운 일이 아니다. 대략적으로라도 적성에 맞는 방향을 정해 시작하는 것이 좋다.

이때 고려할 점은 토양체질이 대체로 명예보다 경제적 이익에 관심이 큰 경우가 많고, 구두쇠 기질이 다분하다는 것이다. 그런 쪽으로 진로를 모색해보는 것이 유익하겠으나, 재물에 지나친 관심을 가지거나 인색해지지 않도록 주의시킬 필요가 있다는 말이다. 일반적으로 마음이 넓고 말과 행동이 진중해 여간해서는 실수하지 않을 것 같지만, 내면에는 무모하거나 거친 면도 잠재되어 있다. 흔한 일은 아니지만 화가 나면 사납게 분노를 표출하기도 하는데, 미리 알아두면 대처하기 용이할 것이다.

토양체질은 움직이지 않는 큰 산과 같다. 그만큼 고집이 세다고도 볼 수 있고, 늘 한결같은 사람이라고도 볼 수 있다. 그래서 언제나 같은 자리에서 도움을 주는 사람들 중에 이 체질인 사람이 많다. 토양체질은 한 번 인연을 맺은 사람과의 관계를 쉽게 깨지 않는다. 상대방이 배신하지 않을 거라는 믿음을 가지고 있기 때문이다. 그러나 그러한 강한 믿음이 깨어지면 그 분노는 배로 커지는 법이다. 토양체질과 인연이 있다면, 그에게는 실수로라도 신용을 잃지 않도록 각별히 신경 써야 한다.

한편 흙의 기운을 담고 있기 때문에 토양체질은 중립적인 입장을 고수할 때가 많다. 이는 체질상 중간자로서 섬과 섬을 연결하는 다리의 역할을 하는 것이라 볼 수 있다. 이런 면이 간혹 개인주의적으로 비칠 수 있으나, 원래 포용력이 큰 사람으로 알려졌기 때문에 오해받을 염려는 없다. 또한 토양체질은 자신이 가볍게 보이는 것을 싫어하므로 약속한 것은 꼭 지켜주는 게 좋다. 주로 자신이 존중받고 있다고 느낄 때 감동받는다.

건강을 보호해주거나 치료에 이로운 색 : 흰색
기운을 북돋워주거나 공부에 이로운 색 : 붉은색
건강을 위해서 피하는 것이 좋은 색 : 파란색, 초록색
공부할 때 이로운 방향 : 남쪽

토양체질의 진로와 적성 :
주도적으로 사업을 이끌어가는 것이 어울린다

토양체질의 인물로는 교육자 요한 페스탈로치, 세계적인 문호 윌리엄 셰익스피어, 맥도날드의 창업자 레이 크록, 물리학자 고시바 마사토시 등이 있다.

교육학자 페스탈로치는 산처럼 넓은 마음과 이해심, 포용력을 교육 분야에서 잘 보여주었다. 산은 초목이 자라는 환경이 되고 동물의 넓은 삶터가 되는 것처럼, 토양체질은 양육에 능하다. 이러한 특성 덕분에 그는 교육계의 세계적인 거목으로 우뚝 설 수 있었다.

영국의 엘리자베스 1세 여왕이 '인도와도 바꾸지 않겠다'고 했던 윌리엄 셰익스피어 역시 토양체질이다. 큰 산은 자연이 존재하는 한 속에 품은 모든 것을 잘 키워낸다. 그의 주옥같은 작품들은 올바른 소양을 갖춘 사람을 길러내는 데에 지대한 영향을 줄 것이며, 웅장한 산처럼 영원히 전해져 내려갈 것이다.

'20세기 미국인의 생활에 가장 큰 영향을 끼친 50인' 중 한 명으로 선정된 레이 크록은 맥도날드의 진정한 아버지다. 그는 뛰어난 인재를 발굴해 적재적소에 배치하는 용병술의 달인으로 잘 알려져 있는데, 토양체질답게 마음이 넓고 타인에 대한 이해심이 남다르며 남의 실수에 관대한 편이고 원래 포용력이 큰 사람이다. 이러한 점들 덕분에 좋은 인재를 만나고 그들에게 신나게 일할 기회를 제공할 수 있었을 것이다.

고시바 마사토시는 노벨물리학상을 수상한 일본의 물리학자로, 중학교 때 소아마비에 걸려 오른팔을 못 쓰게 되었다. 몸의 장애와 불우한 가정환경 등 여러 난관이 있었지만, 그는 토양체질 특유의 동요하지 않는 듬직함으로 넓은 마음과 타인에 대한 이해심을 가지고 공부와 가족의 생계를 이어가면서도 물리학에 매진했다.

이들은 수천 년을 한 자리에서 버티는 장대한 산맥처럼 주체의식이 강하고 소신이 확실한 성향을 지녔기 때문에 큰 업적을 남길 수 있었던 것이다.

토양체질에게는 주도적으로 사업을 이끌어가는 것이 어울린다. 큰 산은 수많은 생명이 살아가는 터전이 되므로 목축업이나 농업도 좋다. 특히 가르치는 일에 뛰어나 교육, 양육과 관계 있는 일이라면 거의 다 적성에 맞다고 보면 된다.

스케일이 큰 학원을 운영하거나 출판업에 종사하는 것도 좋을 것이다. 토는 중재자의 역할을 담당하므로 거래관계에서 중간사업자 역할을 맡는 것도 어울린다. 물론 여기에는 변호사나 판사도 포함된다. 물을 크게 가두어서 쓸모 있게 사용하게 하는 것도 토양체질의 역할인 것처럼 교통이나 통신의 소통을 원활하게 한다든가 토목 관련 사업을 하는 것도 적성에 맞는다.

적성 분야 – 이공 계열, 작곡과, 지질학과, 의약학 계열, 농공 계열, 종교 계열, 자연 계열, 한의학, 육군, 내과, 소아과, 피부과 등.

토양과체질 :
중립성과 신뢰성,
진지함을 강점으로 키워주자

토양과체질은 큰 산, 큰 둑 등의 특성을 가지고 있다. 큰 산에 비유되는 기본 토양체질의 강직함에 고집이 더해진 것이 토양과체질이다. 언제나 그 자리를 지키는 산처럼 변화가 없어 개성이 없어 보이기도 하지만 경계에 서서 어느 한 쪽으로 편향되지 않는 점이 장점이 될 때도 있다.

하지만 과체질은 욱하는 성질이 있어 간혹 중심을 잡지 못하고, 자신의 생각을 고집하는 경우도 있다. 지나치게 원칙에 집착하는 사고방식 때문에 맞장구쳐주길 바라는 친구가 서운해하는 일도 생길 수 있다.

균형을 맞추는 중립적인 입장을 고수한다는 것은 어찌 보면 장점이지만, 단조로운 성향이 단점이 될 때도 있다. 분쟁이나 이해관계 속에서 시시비비를 쉽게 분별하는 능력이 있지만, 거기에 자신의 편견이 개입되지 않도록 주의시켜야 한다. 그저 '나는 산이로세' 하며 중립을 지키는 것이 상책이다. 반드시 기본체질을 먼저 읽어보고 비교하면서 이해하기 바란다.

아집을 버리고 융통성을 키워주자

산은 포용력을 지녔다. 이해의 폭이 넓어 모든 것을 포근히 감싸주니, 아이답지 않은 관용과 용서의 마음을 지녔다고 볼 수 있다. 또한 소신이 강하고 주체의식이 제대로 잡혀 남과 상의하기보다는 자신이 주도적으로 결정하는 경우가 많다. 그만큼 자신만의 기준이 명확한 편인데, 이런 점들이 지나치면 고정관념이 강하다거나 융통성이 부족하다는 말을 들을 수도 있다. 아집을 버리고 융통성을 기를 수 있도록 코칭하는 것이 중요하다.

과체질의 경우 토양체질보다 더 큰 규모의 댐을 생각해볼 수 있다. 댐이 큰 만큼 물이 말라 있으면, 스스로 스트레스를 받는 체질이다. 명예보다는 돈을 중시하는 경우가 많아 언제나 재물을 많이 비축해두고 싶어 한다.

더 큰 댐에 더 많은 물을 채워놓으려 하다 보니 물의 소비를 줄이는 격이다. 즉, 구두쇠 노릇을 하는 경우가 생길 수 있다는 뜻이다. 이런 경우에는 경제관념에 대해 제대로 교육시켜 돈에 집착하지 않도록 지도해야겠다.

생명을 키우는 어머니의 역할이 어울린다

산을 옮기는 것보다는 차라리 깎는 것이 더 쉬운 일일 것이다. 한 번 터를 잡은 산은 현실적으로 옮기기 힘들고, 그런 일은 거의 일어나지 않는다. 이처럼 토양체질은 고집스러운 면을 타고났다.

산이 빨리 자리를 잡아야 풀이 나고 나무도 자라듯이, 어느 체질보다 적성을 빨리 파악하는 것이 유리하다. 구체적인 목표를 정확하게 잡지 않더라도 대략적인 구도는 그려두는 것이 좋겠다.

동식물이 자라난다는 것은 산이 어머니 역할을 한다는 의미다. 토양체질은 기본체질과 과체질 모두 교육 분야에 재능이 있다. 앞서 토양체질이 스케일이 크다고 언급했는데, 과체질은 그보다 더 규모가 크다고 볼 수 있다. 물론 어느 쪽이 더 좋거나 나쁜 것은 아니다.

한편 과체질은 흙이 과도하게 많은 것을 의미하기도 하는데, 산사태가 나면 거대한 흙더미가 무너져 물의 흐름을 막는 것처럼 가끔 일이 잘 풀리지 않거나 폐쇄적인 사고방식이 생길 수 있으므로 주의해야겠다.

속을 알 수 없으니 답답한 경우도 있다

경외심을 불러일으키는 거대한 산 속에는 오르막과 내리막만 있는 것은 아니다. 오르막도 아니고 내리막도 아닌 가파른 낭떠러지도 존재한다. 이는 곧 아이의 내면에 거친 부분이 존재할 수 있다는 의미다. 화가 나면 무섭게 몰아치기도 하는데, 과체질의 경우 마치 산사태가 일어난 듯이 격분한다. 이런 일이 자주 벌어지는 것은 아니지만 미리 알아두는 것이 좋겠다.

또한 기본체질과 마찬가지로 토양과체질 역시 자신의 내면을 잘 보여주지 않는다. 속마음을 잘 드러내지 않으니, 좋게 생각하면 비밀을 잘 지키는 성격이라고 할 수 있다. 과체질의 경우 그 정도가 심해서, 더더욱 내면을 알 수 없다. 한 번 지키기로 약속한 비밀은 무덤 속에 들어가서도 발설하지 않는다고 해도 과언이 아니다.

토양불급체질 :
책을 가까이 하고
공부를 해야 더 큰 산이 된다

기본 토양체질은 큰 산, 큰 둑 등의 특성을 가지고 있지만 불급체질은 낮은 언덕이나 작은 둑에 비유된다. 산이라고 이름 붙였지만 실제로는 산인지 언덕인지 모호할 만큼 아담하다. 이런 경우, 흙을 더 열심히 쌓아올려 덩치를 키우는 수밖에 없겠다. 찾는 사람이 늘고 그만큼 더 다듬어져야 산으로서의 명맥을 유지할 수 있을 것이다. 책을 가까이 하고 열심히 공부하는 것이 바로 자신을 큰 산으로 만드는 일이다.

기본체질과 비교하면, 고집이 세지 않다는 점 외에는 큰 차이가 없다. 기본체질과 마찬가지로 적성을 파악하고 목표를 빨리 정하는 것이 아이의 미래를 위해서 이롭다. 우선 대략적인 그림을 그린 다음 서서히 구체화해가는 것이 좋겠다. 기본체질보다 스케일은 작은 편이지만 교육에 재능이 있으니 참고하자. 기본체질의 성향을 잘 살펴보고 추가적인 사항을 이해하기 바란다.

고지식하거나 개성이 부족해 보일 수도 있다

토양불급체질은 변화를 꺼리는 성향 탓에 개성이 부족해 보일 수도 있다. 또한 우유부단한 면도 있어서, 어려서부터 자신의 생각을 분명하게 표현하는 훈련을 하는 것이 좋다. 가치관이 자주 변하지 않는 것은 장점이라고 볼 수 있지만, 자칫 고지식해 보일 수도 있다. 분쟁에 관한 시시비비를 가리는 일에 밝으니 카운슬러나 판검사 등의 직종에서 역량을 발휘할 수 있겠다. 단, 불급체질은 기본체질에 비해 성향이 약하여 자기주장을 내세우지 않는 경향이 있다. 꾸준한 학습을 통해 보강해주도록 하자.

소심함과 재물에 대한 집착을 버리도록 코칭하자

기본적으로 마음 씀씀이가 깊고 넓다. 모든 것을 감싸주는 마음을 가졌으니 아이답지 않은 관용과 용서의 마음도 있다. 하지만 불급체질은 자기 기준이 모호해 소신대로 하지 못하는 경우도 있다. 토양불급체질은 작은 산처럼 단아한 성향을 지녔으므로 차분하게 생각하고 행동한다. 따라서 거친 성격은 적은 편이다. 기본 토양체질과 달리 소심한 면이 있는데, 이런 점은 부모가 신경 써서 고쳐주어야 한다.

요소요소에 쓸 수 있게 항상 물을 가득 채워두듯, 토양체질은 어릴 때부터 돈에 관심이 많고 재물에 대한 집착이 있어서 구두쇠처럼 행동할 수 있다. 물이 순환해야 깨끗하게 유지되듯이 돈을 잘 모으는 것만큼 잘 쓰는 것도 중요하다는 것을 알려줘야 한다. 재물에 대한 지나친 집착을 버리고 올바른 경제 관념을 정립할 수 있게끔 미리 신경을 쓰는 것이 좋겠다.

토양복합목체질 :
통제하기보다는
자신감을 키워주자

　토양체질과 복합목체질의 조합이다. 상황변화에 따라 마음이 쉽게 움직이지 않는 듬직한 토양체질이지만 복합목체질에 치이는 상황이므로 '목'의 기운을 자기 편으로 만들어서 힘을 얻어야 할 것이다.

　이 체질은 산에 나무가 빼곡해서 발도 들여놓을 수 없는 상황을 떠올리면 이해하기 쉽다. 여기서 나무란 '생활의 규칙'을 말하는데 지켜야 할 규칙도 있지만, 쓸데없는 규칙까지 강요받으며 시달리는 형국이다. 이런 경우 부모의 입장이라면 감옥과도 같은 곳에서 아이를 빨리 해방시켜주고 싶을 것이다. 오래 놔두었다간 건강에도 큰 문제가 발생할 수 있기 때문이다.

　오행의 순리대로 풀자면, 토양체질의 아이가 목의 과도한 기운에 직접적으로 충격을 받지 않게 하기 위해서는 자연스럽게 화의 기운을 전달해주어야 한다. 화의 도움을 받는다면 아이는 모든 면에서 생기를 되찾고 건강상태도 아주 좋아질 것이다.

화의 기운을 만드는 것은 공부의 필요성을 이해시켜주고, 공부를 열심히 할 수 있는 환경을 만들어주는 것이다. 또한 화는 예의 바른 태도를 뜻하므로, 윗사람을 공경하는 마음과 올바른 예의를 갖추고 얼굴에 항상 미소를 간직한다면 걱정할 필요가 없다. 모든 기운을 다 갖추었는데 어찌 성공하지 않을 수 있겠는가? 체육이나 음악, 미술을 전공하는 아이는 그 활동에 최선을 다하는 것이 곧 공부를 열심히 하는 것이다.

하지만 반대의 경우가 된다면 지나친 목의 기운을 감당하지 못해 신경성 질환에 시달릴 수 있을 것이다. 또한 강한 목체질로 인해 자신의 능력을 과대평가하며 무모한 도전을 감행하기도 하는데, 준비 없이 욕심만 가지고 뛰어든다면 그 대가를 비싸게 치를 것이다. 뒷감당도 못하면서 체면 때문에 무모한 짓을 저지르기도 하는데, 이런 경우 아이가 일을 저지르면 뒤처리는 항상 부모의 몫이 된다.

결론적으로 공부에 매진하고 예절 바른 태도와 밝은 미소를 가지면 이런 체질의 아이는 최고가 될 수 있다. 현재 자신이 하고 있는 공부가 미래를 만들어간다는 사실을 명심하고, 자신감을 가질 수 있도록 코칭하자.

토양복합화체질 :
알맹이가 없는 행동을
실속형으로 바꿔보자

토양체질과 복합화체질의 조합이다. 산에 열기를 전해주니 무엇 하나 남부러울 게 없지만, 과하면 모자란 것만 못하다고 열기가 너무 강해지면 산속에 있는 모든 동식물이 숨이 막히고 말라죽을 지경이 된다. 이 열기를 빼지 않고서는 이 산속에서 아무도 못 살 것이다. 여기서 열기의 역할을 하는 것은 부모라고 할 수 있는데, 이 체질을 가진 아이들은 자연히 부모와의 사이가 별로 좋지 않다. 부모의 얘기는 귀찮은 잔소리로만 여겨, 듣는 둥 마는 둥한다.

활발한 성격을 가진 아이라면 문제될 것이 별로 없고 오히려 이러한 독립적인 성격이 좋은 점으로 작용하는 경우도 있다. 하지만 내성적인 아이는 문제가 생기면 혼자 감당하지 못하고 속으로만 응어리를 만들어가고 있다고 생각해도 좋다. 만사가 힘들고 귀찮고 짜증스러울 뿐이다.

내성적인 아이는 한곳에 붙잡아 놓고 공부만 시킬 것이 아니라, 여행이나 취미활동 같은 것으로 스트레스 풀 기회를 만들어주는 것이 좋다. 공부한다고 오래 앉아 있어봐야 능률은 기대 이하이기 때문이다. 오히려 스트레스 때문에 건강이 안 좋아질 수도 있으므로 속에 쌓아둔 감정을 적절히 표현하고 해소할 기회를 만들어주어야 한다. 성인이 되어서는 돈을 많이 버는 직업을 가져야 좋을 것이다. 누구나 돈을 많이 버는 직업을 좋아하겠지만, 특히 토양복합화체질은 자신이 가진 열기를 식히려면 물이 절실히 필요하기 때문이다. 물은 곧 돈이다.

이 체질을 가진 아이들은 나름대로 공부를 하노라고 하는데도, 집중이 안 되고 학교공부와 관계없는 공부에 더 큰 관심을 갖기도 한다. 전공대로 직업을 얻는 경우가 드물고, 나중에야 하고 싶은 일을 찾는 경우가 많다.

성공하고 싶다면 활발한 성격으로 바꾸기 위해 노력하는 것이 좋고, 말을 잘하는 것, 수다스러울 정도로 말을 많이 하는 것도 좋다. 짧게 단답형으로 대답하는 것보다 한 마디라도 더 붙여서 정감 있게 말하는 습관을 갖는 것도 이 체질에게 절실한 기운을 불러오는 방법이다.

결론적으로 말하면 끙끙거리면서 속에 담아두지 말자. 속에 담아둔 응어리는 병이 되고 앞을 막는 기운이 된다. 생각만 많이 한다고 좋은 것이 아니다. 생각은 적당히 하고 실천을 하자. 공부는 생각보다 행동이 중요하다. 앉아서 잡생각만 하는 것도 공부라고 착각하지 말아야 한다.

집중력을 기르는 것도 급선무다. 표현력이 향상되어야 하는 체질이므로, 표현을 다양하고 풍성하게 하면서 좋은 기운을 간직하는 것이 좋겠다. 좋은 표현이란 단답형으로 잘라서 대답하지 않기, 상대방을 배려하는 말을 많이 하도록 연습하기, 인사 잘하기 등이다. 소소하더라도 이런 것들을 먼저 실천해보면, 차츰 달라지는 모습을 볼 수 있을 것이다.

토양복합금체질 :
어른을 공경하는
예의 바른 태도가 중요하다

    토양체질과 복합금체질의 조합으로, 산에 바위가 많아 산세가 험하다. 바위 사이에 적당히 나무도 있어야 그늘도 생길 텐데 좀 아쉽다. 바위가 많다 보니 나무는 자꾸만 없어지는 모양새다. 흙은 바위를 타고 바닥으로 내려와서 흩어져 있는데, 흩어진 작은 흙덩이들은 별로 쓸모가 없어 보인다. 이 체질은 오행의 흐름으로 볼 때, 화의 기운이 절실하다. 그래서 계절적으로 입하 이후에 태어난 사람과 만나면 조금이라도 덕을 볼 것이다.

    토양복합금체질을 가진 아이에게는 화의 기운이 절실한데, 화는 곧 부모요 엄마다. 또한 공부를 열심히 하는 것도 화의 기운을 모으는 길이다. 공부는 엄마의 역할을 하므로 열심히 공부하는 사람은 좋은 기운을 끌어당겨 나중에 성공의 밑거름으로 쓸 것이다.

    이 체질을 가진 사람 중에 생각 없이 행동하는 경솔한 사람은 자신의 좋은 기운을 스스로 버리고 다닌다고 생각해야 한다. 너무 수다스럽거나 눈치 없이 설치고 다니는 사람은 그만큼 좋은 기운을 흘리는 것이며 다툼이 잦을 것이다. 어떤 책이라도 좋으니 책 읽는 습관을 들이는 것이 좋고, 무엇이라도 배우러 다니는 것이 좋다. 학교공부만 공부라고 생각하지 말고 배움이 있는 모든 것을 공부라고 생각해야 할 것이다.

결론적으로 공부가 최고다. 부모와 친밀한 관계를 가져야 하고, 힘들 때는 어머니와 상의하면 더욱 좋은 기운을 받을 수 있다. 생각을 많이 하다 보면, 좋은 아이디어를 통해 긍정적인 방향으로 변신할 수 있다. 이런 행동들 모두가 토양복합금체질에게 필요한 기운인 화를 모으는 것이다.

반대로 생각 없이 행동하거나, 말만 앞세우는 것은 자신의 좋은 기운을 버리는 것이고 더욱이 어른에게 함부로 대하는 것은 못된 기운을 자신에게 불러들이는 것과 같다. 어른을 공경하고 예의바른 행동을 하며, 항상 웃음으로 상대를 대한다면 지금은 어렵더라도 나중엔 반드시 좋은 기운이 나타날 것이다.

토양복합수체질 :
상황에 맞게 욕심을 줄여야 성공한다

토양체질과 복합수체질의 조합이다. 토양체질은 기본적으로 큰 둑에 비유할 수 있는데, 토양복합수체질은 큰 둑이 작은 둑으로 축소된 상황이라고 볼 수 있다. 그런데 그 작은 둑 안에 물이 감당할 수 없을 정도로 많아 넘치고 또 넘치는 상황이다. 이 체질의 아이는 '어떻게 하면 이 많은 물을 내 둑에 가둘 수 있을까'를 고민한다. 물은 돈이므로 돈을 버는 것에 빨리 눈을 뜬다고 생각해도 좋을 것이다.

물이 너무 많아서 작은 둑이 무너질 수 있는 상황임에도 불구하고 욕심 때문에 물을 분수에 맞게 적당히 담으려고 하지 않는 경우가 더 많다. 둑이 터지기라도 하면 흔적도 없이 모든 것이 사라질 텐데, 그것을 잘 알면서도 욕심을 버리지 못하는 것이다.

적당한 선에서 멈출 줄 아는 사람, 즉 상황에 맞게 욕심을 줄이는 사람이 성공한다. 이 체질의 아이에게는 경제에 관한 공부를 시키는 것도 좋다.

둑을 크게 만들어야 물을 많이 가둘 수 있다. 그리고 큰 둑을 만드는 데는 동료들의 협조가 절대적으로 필요하다. 공부를 열심히 하는 것도 둑을 키우는 방법이지만 공부에 관심을 두는 경우는 별로 없는 편이다. 그러므로 평소에 친구를 많이 사귀는 것이 나중에 큰 도움이 될 것이다. 그렇다고 매일 친구들에게만 매달려 있으라는 말은 아니다. 많은 친구들과 잘 지내고, 밖에서 만나면 먼저 인사를 건네는 정도면 충분하다. 그러면 성인이 된 후에도 학교를 같이 다녔던 친구였다는 것만으로도 서로 도움을 주고받는 데 어려움이 없을 것이다.

이성에 대해서도 관심이 많은 편인데, 밖으로 표현하는 방법은 속마음과 다를 수 있다. 건전한 이성교제가 좋겠지만 특히 이런 체질을 가진 아이에게는 이성으로 인해 문제가 발생하거나, 상처받을 가능성도 있으므로 성인이 되더라도 이성문제는 복잡하게 만들지 말아야 한다.

결론적으로 말하면 공부를 열심히 하고, 책 읽는 습관을 들인다면 좋은 기운을 항상 지니고 있는 것이므로 성적도 좋을 것이고 어른이 된 이후의 성공역시 보장되어 있다. 그만큼 책과 친해지는 것이 중요하다. 돈이나 이성에 대한 관심이 다른 사람보다 많은 편인데, 너무 큰 욕심을 내기보다는 무슨 일이든 수의 기운으로 차분하게 준비하고 느긋하게 기다리는 것이 좋을 듯하다.

토음체질의
아이

칭찬과 격려로 자신감을
키워주는 것이 최고다

土陰體質

토음체질의 성품 :
알곡을 키워내는
기름진 흙의 본성을
발휘하자

토음체질은 기름진 논밭의 특성을 가지고 있어서, 허황된 꿈을 꾸지 않는다. 자기가 노력한 만큼만 바라지, 콩을 심은 밭에 팥이 나기를 기대하지 않는다는 말이다. 농부의 마음처럼 순수하여 매사에 정성을 기울인다. 이 체질을 가진 아이라면 무언가를 기르는 데 재능이 있다. 무엇이든 뿌리를 내리고 자라는 데 근원이 되는 흙의 성질, 만물의 어머니로서 땅이 가지는 성향을 그대로 빼닮았기 때문이다.

교육가의 자질이 있으며, 기본 토음체질은 학교수업 정도나 그보다 작은 규모의 교육사업이 체질적으로 맞다. 교육할 때 편향되지 않고, 차별하지 않으며, 모든 아이들을 공평하게 돌봐준다는 장점을 가지고 있으니 교육가로 성장한다면 덕을 갖춘 인재로 인정받을 수 있을 것이다.

마음의 상처를 받기 쉽다

기름진 흙은 너무 부드러워서 호미로 긁으면 바로 긁히고 손으로도 파일 정도다. 이러한 성향을 가지고 태어난 토음체질은 마음의 상처를 받기 쉽고 상처를 받으면 마음속에 쌓아두는 경향이 있다. 사소한 말에도 마음이 상하므로 말할 때는 이 점을 주의해야 한다. 꽁해 있다고 해서 무조건 아이를 질책하기보다는 그것이 아이의 특징이라는 점을 이해해야 한다. '그냥 놔두면 괜찮아지겠지' 생각하고 무심히 넘어간다면 자칫 마음의 골이 깊어질 수도 있다.

마음이 여린 만큼 칭찬받기를 매우 좋아한다. 칭찬은 고래도 춤추게 한다지만, 토음체질의 아이들에게 칭찬은 성격형성에 중요한 역할을 하고, 이후에도 순탄한 인생을 만들어갈 수 있는 하나의 발판이 되기도 한다. 칭찬을 많이 해준다고 해서 아이가 자만심을 갖거나 기고만장해지지 않을까 하는 걱정은 하지 않아도 된다. 칭찬을 받으면 받을수록 스스로 할 일을 찾아서 하게 되고, 시키지 않은 일도 알아서 하는 법을 익혀갈 테니까 말이다.

억지로 속마음을 열어보려 하지 마라

아무리 귀한 보물이라도 흙 속에 묻혀 있다면, 보물이 있는지 없는지 알 수 없다. 토음체질의 아이들을 교육하는 일도 마찬가지다. 부모는 토음체질 자녀의 속마음을 모르겠다고 걱정할 것이다. 하지만 부모라는 이유만으로 자녀에 대해 전부 알아야 한다고 생각한다면 큰 오산이다. 어지간해서는 자신의 속마음을 보여주지 않으려 하는 것이 토음체질의 성향이기 때문이다. 이 경우 역시 아이를 탓할 일은 아니다. 그저 타고난 성향이 그럴 뿐이니, 부모가 그런 특성을 미리 파악해서 인정하고 잘 이끌어주는 것이 중요하다. 억지로 속을 보여달라고 하면 오히려 마음을 굳게 닫아버릴 수 있으니 강요해서는 안 될 것이다. 칭찬과 이해만이 아이가 스스로 마음을 열 수 있는 열쇠임을 기억해두자. 잘못을 다그치기보다는 부드럽게 타이르고, 일부러라도 자주 칭찬해준다면 오히려 키우기 수월해질 수 있으니 크게 염려하지 않아도 된다.

칭찬을 아끼지 말고 추진력을 북돋워주어라

토음체질은 '대기만성형'이라 공부를 하더라도 한번 계획을 세우면 포기하지 않고 끝까지 계속해야 결실을 거둘 수 있다. 오늘 씨를 뿌린다고 해서 내일 바로 수확할 수 있는 것이 아니다. 적어도 한 계절은 지나야 수확할 수 있듯이, 토음체질은 중도에 포기하면 얻을 수 있는 것이 하나도 없다. 쌀알이 맺히기도 전에 벼를 베는 것과 같기 때문이다.

한번 목표를 정하면 끈기 있게 노력할 수 있도록 옆에서 지켜보고 힘을 실어주는 것이 중요하다. 역시 칭찬이 아이에게 결정적인 영향을 끼친다는 것을 명심해야겠다. 사소한 일에도 칭찬을 아끼지 말고, 아이가 중간에 지치거나 추진력을 잃어버리지 않도록 계기를 마련해주는 것도 좋은 방법이 될 수 있다.

해마다 잘되는 작물은 따로 있으므로 기름진 땅에 배추를 심을까 양파를 심을까 농부는 늘 고민이다. 그것을 결정하는 것은 결국 농부의 몫이고 결정을 하기까지 수없는 고민과 탐구가 선행된다. 토음체질 역시 이와 같다. 무슨 일이든지 깊이 생각하고 연구하는 자세를 체질적으로 타고났으니 연구 방면에 소질이 다분하다.

토음체질은 본래 세심하고 꼼꼼한 편이다. 끊임없이 확인하는 습성을 타고났으며, 자기가 요구한 일에 대해서는 직접적으로 물어보기보다 상대방이 눈치 채지 못하게 은근슬쩍 확인해보거나 스스로 눈치껏 짐작하기도 한다. 때문에 토음체질과 약속한 것은 무조건 지켜주는 것이 좋다. 아이가 직접적으로 표현하지 않기 때문에 무심한 부모는 모르고 지나갈 수 있지만, 아이는 그런 부모에게 상처를 입고 마음속에 오래 새겨놓을 것이다. 예민한 아이를 둔만큼 부모 역시 세심함을 잃지 말아야 한다.

토음체질의 코칭팁 :

마음이 여린 탓에
훈계보다는
칭찬이 더 효과적이다

거듭 강조하지만, 토음체질의 아이에게 가장 좋은 약은 칭찬이다. 혹여 칭찬이 지나쳐 버릇없어지지 않을까 염려할 필요는 없다. 왜냐하면 이 아이들은 기질적으로 허황된 꿈을 꾸기보다는 자신이 노력한 만큼의 대가를 알고 또 그만큼만 원하기 때문이다. 코칭팁을 정리하면 다음과 같다.

- 과도한 욕심을 내지 않는 경우가 많다.
- 마음이 순수하고 여려서 쉽게 상처를 받거나 속앓이 하기 쉽다.
- 속마음을 잘 표현하지 않으므로 대화를 많이 하자.
- 일에 대한 결과가 늦은 '대기만성형'인 경우가 많다.
- 대부분 세심하고 꼼꼼한 면을 가지고 있다.
- 잘못을 지적하면 상당히 위축되기 때문에 가급적 사소한 것이라도 칭찬을 많이 해주는 것이 좋다.

- 무슨 일이든 철저하게 확인하는 습성도 있다. 내색하지 않을 뿐 부모가
  약속을 어기면 불만스러워한다. 아이와 약속을 했다면 반드시 지키는 것
  이 좋다.
- 잔머리를 잘 굴리지만 잘 다듬으면 연구가의 소질을 발휘한다.
- 혈액이 탁해지기 쉬우므로 건강에 늘 유의해야 한다.
- 남의 말을 잘 들어주므로 중재자, 교육가, 카운슬러의 역할도 잘한다.

　토음체질의 아이는 다른 체질에 비해 교육하기가 까다로운 면이 있다. 기
본적으로 마음이 여리다 보니 사소한 일에도 상처를 많이 받는다. 부모는 아
이의 이러한 특성을 이해하고, 아이가 실수하거나 잘못을 저질렀을 때 무조
건 질책하기보다는 일단 덮어 두고 격려부터 해주는 것이 좋겠다. 그런 후에
아이의 잘못에 대해 차근차근 일러주는 것이 효과적이다.

　또한 토음체질의 아이는 여간해서 자기의 속마음을 내비치지 않는다. 이
러한 모습은 아이의 체질적 성향 중 하나이므로 너무 심각하게 여기거나 억
지로 아이의 마음을 캐내려고 하지 않아도 된다. 강요는 오히려 역효과를 내
어 마음의 문을 더 굳게 닫아버리게 만들 소지가 있으니 무리한 언행은 삼가
야 한다. 자연스럽게 다가가 마음을 열고 진심으로 아이를 대한다면, 그리고
그러한 환경에 익숙해질 수 있도록 뒷받침한다면 아이는 스스로 마음을 열
게 될 것이다.

　심지가 깊은 토음체질은 무언가를 만들고 길러내는 데 소질이 있다. 특히
사람들을 평등하게 대하고 편파적으로 생각하지 않는 장점이 있는데, 이러
한 점을 잘 발전시킨다면 교육 분야에서 두각을 나타낼 수 있다.

　어떤 일이든 당장 성과를 거두려 하기보다 순서대로, 순리에 어긋나지 않

게 일을 진행하는 것 역시 토음체질의 장점이다. 특히 세심하게 확인하는 습성을 가지고 있어, 무엇을 얼마나 했는지 체크할 수 있도록 상황판을 만들어주면 좋아할 것이다. 단, 아이가 얼마나 세심한지 감지했다면 아이와의 약속은 반드시 지키도록 하자. 약속을 지키지 않는 부모로부터 느낀 실망감을 오래도록 가슴에 담아둘 수 있으니 말이다.

토음체질의 아이는 겉으로 자기를 표현하지 않는 대신 오랫동안 신중하게 살펴보고 고민하는 타입이다. 이는 곧 탐구력과 관찰력이 뛰어나다는 의미다. 이러한 기질을 잘 살려서 능력을 발휘할 수 있도록 배려한다면, 장차 훌륭한 연구자, 또는 각 방면에서 인재로 성장할 수 있을 것이다.

여러 번 강조했듯이 토음체질은 마음이 여려서 쉽게 상처받으므로 말과 행동을 가려서 할 필요가 있다. 더욱이 서운하거나 화가 났을 때 그런 감정을 밖으로 표현하기보다는 혼자 속으로 앓기 때문에 특히 조심해야 한다.

칭찬과 호감을 표시했는데도 불구하고 별 반응이 없다고 해서 포기해선 안된다. 토음체질은 웬만한 일에는 속마음을 드러내지 않기 때문이다. 꾸준한 애정과 관심, 믿음을 심어줬을 때 비로소 결실을 볼 수 있을 것이다.

또한 토음체질은 보호받고자 하는 심리가 강하다. 자신의 영역이 훼손되지 않게 든든한 담장을 둘러쳐줄 수 있는 상대에게 의지하는 심리가 강하다. 따라서 업무적인 관계든 사적인 관계든 믿음직스럽게 말하고 박력 있게 추진하는 모습을 보여주는 게 좋다.

건강을 보호해주거나 치료에 이로운 색 : 흰색
기운을 북돋워주거나 공부에 이로운 색 : 붉은색
건강을 위해서 피하는 것이 좋은 색 : 파란색, 초록색
공부할 때 이로운 방향 : 남쪽

토음체질의 진로와 적성 :
교육과 양성에
소질이 있다

토음체질의 인물로는 44대 미국 대통령 버락 오바마, 16대 미국 대통령 에이브러햄 링컨, 미켈란젤로, 증기기관을 발명한 제임스 와트, 화가 폴 고갱 등이 있다.

버락 오바마는 세심하게 관리하고 점검하는 토음체질 특유의 능력 덕분에 뛰어난 참모를 두었다. 게다가 상대방이 요구하기 전에 먼저 준비를 해두고 감동시키는 재주가 있었다. 뿐만 아니라 흙이 지닌 중용의 속성 때문에, 남의 말을 잘 들어주고 상대방의 입장을 잘 헤아리는 장점으로 적대적인 관계를 자신의 편으로 끌어들이는 데에 능하며, 어려운 일도 충돌보다는 조화로 풀어나가고 있다. 토음체질은 모든 것을 잘 돌보는 재주가 있으니 국민을 잘 섬길 것이다.

마찬가지로 링컨 역시 굳은 결심과 의욕, 그리고 엄청난 지식욕과 독서욕이 있었다. 그래서 특유의 포용과 통합의 리더십을 보여주는 대표적인 사례

로 손꼽힌다. 노예해방 이후 지난한 굴곡과 투쟁 과정을 거치며 인권신장의
역사를 이룰 수 있었던 것은 미국에 링컨이라는 '거인의 어깨'가 있었기에
가능했을 것이다.

마찬가지로 미켈란젤로는 시스티나 성당 천장화처럼 인간의 힘으로는 도
저히 이룰 수 없을 것 같은 위대한 작업들을 해냈다. 토음체질이 가진 뛰어
난 탐구력과 관찰력은 예술적 영감의 원천이 되었고, 동시에 특별한 표현력
으로 발현되었을 것이다. 그는 다듬어지지 않은 대리석에 직관적으로 숨겨
져 있는 형태를 예견했고 그로부터 영감을 이끌어냈다. 이는 토음체질의 전
형적인 특징을 잘 보여주는 점이라 할 수 있다.

대체로 사업가보다는 직장생활이 더 어울린다. 특히 순수한 어머니의 마
음으로 자식을 품는 체질이므로 다른 사람을 교육하고 양성하는 일에는 이
보다 더 적합한 체질이 없다. 그러나 규모를 크게 하기보다는 작지만 알차게
벌이는 쪽이 훨씬 유리하다.

세심하게 관리하고 점검하는 능력이 있으니 재무, 회계관리 또는 연구직
등의 분야에서 능력을 발휘할 수 있다. 뿐만 아니라 남의 말을 잘 들어주고
상대방의 입장을 잘 헤아리기 때문에 카운슬러나 중재자의 역할도 잘 수행
해낼 수 있다. 이것은 흙이 지닌 중용의 속성을 타고났기 때문이다. 변호사
나 판사, 또는 컨설턴트나 중개상이 적합하며 그 외에도 각 방면에서 자신의
재능을 발휘할 수 있다. 귀금속이나 많은 양의 물과 관련된 직업은 적성에
맞지 않고 건강에 안 좋을 경우도 있다.

적성 분야 – 이공 계열, 작곡과, 지질학과, 의약학 계열, 농공 계열, 종교
계열, 자연 계열, 한의학, 육군, 내과, 소아과, 피부과 등.

토음과체질 :
과욕을 부리거나 무리하지 않도록 도와주자

　기본 토음체질은 자기가 노력한 만큼만 대가를 바라고 그 이상의 허황된 꿈을 꾸지 않는다. 토음과체질도 이런 경향이 있지만, 노력 이상의 대가를 바라는 마음이 기본체질보다는 크다. '콩 심은데 콩 나고 팥 심은데 팥 난다'고 여기는 농부의 마음처럼 순수한 면을 가지고 있지만 내면엔 엉큼한 면도 있다. 농사를 짓더라도 기본체질보다는 스케일이 크다.

　양육과 양성에 특기가 있으므로 교육자로서 재능이 있다. 기본체질의 성향은 학교수업 정도의 규모나 그보다 작은 것이 맞고, 과체질의 경우는 스케일이 크다 보니 좀 더 많은 사람을 상대하는 것이 이롭다. 교육에 있어서는 구별을 두지 않고 공평을 기하니 교육과 관련된 일을 한다면 자신만의 장점을 살릴 수 있을 것이다.

　토음과체질은 공부를 할 때도 무리하다 싶을 만큼 계획을 세운다. 그랬다가 실행이 안 되면 아예 포기해버린다. 욕심은 큰데 욕심만큼 안 되니까 화가 나는 것이다. 욕심이 조급함을 부르고 중도에 포기하게 만들기 때문에 한 번 정한 목표를 끝까지 잘 끌고 가도록 옆에서 독려해주고 용기를 주어야 한다. 이때도 칭찬이 최고의 힘이 될 수 있다. 꼭 큰 일에 대해서만 칭찬할 필요는 없다. 사소하고 작은 일에 대해서도 자주자주 칭찬해주자. 반드시 기본 체질을 먼저 읽어보고 비교하면서 이해하도록 하자.

아집이 강해 상처받으면 분노가 드러난다

과체질이라서 사소한 일에는 개의치 않다가도, 여러 상처가 쌓이면 순간적으로 예상치 못한 분노를 터트린다. 이것은 아이가 가지고 있는 체질적 특징 중의 하나이므로 아이를 탓하기 전에 체질을 이해하고 무심하게 대처해서는 안 되겠다.

토음과체질은 아집이 더욱 센 데다 남에게 흠을 보이지 않으려는 마음이 더 강하기 때문에 심적으로 힘든 것을 꾹꾹 참고 이겨내느라 스트레스성 질환에 시달릴 가능성도 있다.

하지만 해마다 어떤 작물을 심을까 고심하는 농부처럼 토음체질은 기본적으로 늘 연구하는 자세를 갖고 있다. 그래서 연구 방면에 소질을 발휘할 수 있다. 토음과체질은 다른 체질들에 비해 같은 일을 해도 더욱 힘들어 하는 체질이다. 그러나 자기 자신이 스스로를 힘들게 만드는 측면이 있으니, 부모는 이 점을 이해하고 칭찬을 아끼지 말아야 아이의 사기를 진작할 수 있다.

자존심이 지나치게 세기 때문에 더더욱 어렵다

보물은 흙 속에 묻혀 있으면 무엇인지 알 수 없고, 있는지 없는지도 알 수 없다. 토음체질의 아이는 부모도 속마음을 알 수가 없다.

과체질인 경우는 자존심이 너무 세기 때문에 더더욱 칭찬과 이해로 다가가야 한다. 부모라서 다 안다고 생각하면 착각이다. 토음과체질의 아이들은 어지간히 공을 들이지 않고는 속마음을 보여주려 하지 않는다. 아이가 작정하고 마음을 닫아버린 것이 아니라 그저 체질적 성향이 그렇다는 점을 알아두기 바란다.

세심한 면을 가지고 있으므로 한번 약속한 것은 무조건 지켜주어야 한다. 과체질은 양면성을 보이는 경우가 많아 하나의 성향으로 단정 짓기는 어렵다. 세심하고 꼼꼼하며 자주 확인하는 습성이 심해지면 신경성 질환으로 고생하는 경우가 많다.

토음불급체질 :
지력을 개발시켜
수확량을 늘려주자

비옥한 땅이긴 하나 너무 좁아서 농사를 지어도 수확량이 만족스럽지 못한 형국이다. 자신의 가치를 생각한다면 부지런을 떨어서라도 수확량을 늘려야 하겠지만 불급체질은 이 또한 수월하지 않다. 이 상황을 헤쳐 나가기 위해서는 항상 책을 가까이 하고 지식을 습득하는 일을 멈추지 않도록 해주는 것이 가장 좋다.

땅이 좁고 상대적으로 능력이 부족할지라도 머리를 써서 고수익을 올릴 수 있는 방법을 연구하는 것이 하나의 방법일 것이다. 그 방법을 연구하는 것은 결국 아이가 크면서 스스로 해나가야 할 일이므로, 부모는 어렸을 때부터 기본적인 지식을 쌓을 수 있도록 공부환경을 조성해주는 것이 최선이다. 기본체질의 성향에 대해 먼저 숙지하고, 불급체질의 특징이 지나칠 경우에 일어나는 문제를 추가적으로 알아보자.

움츠러들지 않도록 충분히 대화하자

농부의 마음처럼 순수하니, 허황된 꿈을 꾸기보다 자기가 노력한 만큼의 대가만을 바란다. 불급체질이라면 그 순수함이 더 심한 편이라 가끔은 오히려 손해를 볼 수 있다. 양육과 양성에 재능이 있어서 교육과 관련된 일을 하면 인정받을 수 있겠지만, 불급체질은 건강에 더더욱 신경 써야 한다.

게다가 토음체질의 기본적인 특성상, 마음속을 알기 어렵다. 부모라고 해도 아이의 마음속을 도통 알 수 없을 것이다. 이것은 아이의 체질적 기질이니 억지로 들추려 하지 말고 칭찬과 이해로 차츰차츰 마음을 열어가도록 유도하자. 그러지 않으면 오히려 마음을 굳게 닫아버리고 고립된 성향의 아이로 성장할 가능성이 높다. 불급체질은 더욱 움츠러드는 면이 있으니 충분히 대화하도록 노력해야 하겠다.

불안함을 버리고 관대함을 갖도록 도와주자

부드러운 흙이 패이기 쉬운 것처럼 마음이 여린 토음체질은 쉽게 상처받고 그 흔적을 오래 간직한다. 사소한 말로도 상처를 입을 수 있으니 어린 아이라도 이 점을 늘 고려해야 할 것이다. 특히 불급체질은 이런 문제로 인해 심장이 약해지거나 신경성 질환이 나타날 뿐만 아니라 혈액이 탁해지기도 쉽다. 건강관리에 유의하자.

어떤 일을 맡으면 씨앗을 뿌려놓고 마음을 놓지 못하는 농부가 된다. 그만큼 세심하게 확인하고 꼼꼼하게 일을 마무리하는 습성이 있다. 불급체질의 경우 지나치게 마음의 상처를 쉽게 받는 것이 문제가 될 수 있으니 대범함과 관대함을 기르도록 도와주는 것이 좋겠다.

아이가 토양불급체질이라면 기본체질과 마찬가지로 대기만성형이라는 것을 알아둬야 하겠다. 공부를 하더라도 중도에 포기하는 일 없이 꾸준하게 매진해야 좋은 성과를 기대할 수 있을 것이다. 특히나 불급체질의 경우 시간이 좀 더 걸릴 수 있는데, 이때 부모의 역할이 무엇보다 중요하다. 옆에서 끈기를 잃지 않도록 응원해주고 사소한 일에도 아낌없이 칭찬하며 의지를 북돋워줘야 한다.

토음복합목체질 :
규칙이 너무 많아
숨이 막히는 상황이다

　토음체질과 복합목체질의 조합이다. 기본적으로 마음이 여린 데다 나무뿌리와 풀뿌리가 흙 속을 헤집고 다니니 속에 난 상처가 이만저만이 아닐 것이다. 부모는 아이의 이러한 특성을 이해하기 위해 노력해야 한다. 잘못을 저질렀을 때도 일단 격려해주고 타이르는 것이 좋겠다. 토음체질의 아이에게 가장 좋은 약은 바로 칭찬이기 때문이다.

　토음체질에게 나무는 직업과 명예를 말하고, 오행의 순조로운 흐름을 유도하려면 화의 기운이 필수적이다. 또한 토음체질 아이에게 나무와 풀이란 생활의 규칙, 원칙 등을 의미하는 것인데 이 규칙들이 너무 많아지면 숨이 막혀 죽을 지경이 된다. 쓸데없는 규칙까지도 강요를 받는 상황에 처한 것으로 이해하면 된다.

　오행의 순리대로 풀자면 화의 기운이 필요하다. 넘치는 목의 기운이 주는 충격으로부터 보호하려면 화의 기운을 자연스럽게 아이에게 전달해주어야 한다. 화의 도움을 받으면 모든 것이 생기를 되찾고 건강도 좋아진다.

결론적으로 말하면 이 상황에서는 화의 기운을 만드는 방법은 다음과 같다. 무엇이든 많이 배우고 공부를 열심히 하는 것, 부모와 좋은 관계를 유지하면서 대화를 자주 나누는 것, 생각을 할 때는 신중하고 깊게 따져보는 것, 항상 책을 가까이에 두는 것, 예절 바르게 행동하고 인사를 잘 하는 것, 항상 웃는 얼굴을 유지하는 것 등이다.

이런 점에 유의해서 필요한 기운을 만든다면 성공적인 미래를 꾸려가는 데 큰 도움을 받을 것이다.

토음복합화체질 :
생각은 적당히 하고
표현력을 키우는 데
집중하자

    토음체질과 복합화체질의 조합이다. 복합화체질이 합쳐지니 기름진 땅이 너무 오랫동안 열을 받아서 덥다고 난리인 상황이다. 서늘한 가을바람이 불거나 비라도 조금 오면 도움이 되겠지만, 어쨌든 지금은 뜨겁기만 하다.

    오행의 순환구조로는 서늘한 바람의 역할을 해줄 금의 기운이 들어온다면 살 수 있을 것이고, 곡식이 여무는 데도 가을 기운이 필요하므로 어찌 보면 비가 오는 것보다 더 나을 수도 있겠다. 지금은 복합화체질 때문에 뜨거운 기운이 강하다는 게 문제이므로 생각이 많은 것은 별로 도움이 안 된다.

    공부만 하고 있는 것도 지금은 별로 도움이 안 된다. 오로지 몸을 움직여서 물을 떠오든지 차양을 쳐서 시원한 그늘을 만들든지, 항시 몸을 움직이는 수고로움이 절실하다.

    게다가 이런 체질의 아이에게는 부모의 가르침이 한낱 잔소리로 여겨지니 훈육에 있어서도 부모의 지혜가 필요하다. 더워 죽겠는데 무슨 말이 귀에 들어오겠는가? 충고와 조언도 반복되면 짜증만 나고 잔소리로 여겨져 더 이상 귀에 들어오지 않는다. 과도한 참견은 오히려 반감을 불러일으키므로 적당한 선에서 조언하는 것이 더 좋다.

공부를 열심히 하더라도 좋은 결과를 기대하기 어려운 경우가 많다. 앉아 있는 시간이 길다고 그만큼 능률이 올라가는 것은 아니기 때문이다.

기본적으로 마음이 여려서 사소한 일에도 상처를 받는 편이다. 활발한 성격을 가졌다면 특별히 문제될 것이 없지만, 내성적인 아이는 상처를 감당하지 못하고 속으로 응어리를 만들어가고 있는지도 모른다. 그러다 보면 만사가 힘들고 귀찮고 짜증스러워진다.

내성적인 아이는 한곳에만 머물게 하지 말고 여행을 보내거나 다른 취미 활동으로 스트레스를 풀 기회를 만들어주는 것이 좋다. 전공대로 직업을 택하는 경우는 드물고 나중에서야 하고 싶은 일을 발견하는 경우가 많다.

결론적으로 생각은 적당히 하고 표현력을 키우는 것이 유리하겠다. 말수가 많아지는 편이 좋은데, 질문에 대답을 할 때도 단답형으로 잘라서 대답하지 않는 것이 좋고, 상대방을 배려하는 상냥한 말을 많이 하게끔 연습시키는 것이 좋다. 예의 바르게 인사를 잘 하는 것도 좋은 기운을 모을 수 있는 방법이다. 또한 이 체질의 아이에게는 금의 기운인 의리를 지키는 일, 정의로운 일을 찾아서 하는 것도 도움이 된다. 달라진 모습을 확인할 수 있을 것이다.

토음복합금체질 :
배운 것보다 더 많이
활용하는 능력을 가졌다

토음체질과 복합금체질의 조합으로 구성된 체질이다. 기름진 땅에 크고 작은 바윗돌이 널려 있어서 땅이 제 역할을 하지 못하는 상황이다.

이런 경우 오행의 순환구조상 화의 기운이 절실하다. 화의 기운은 흙 사이에 놓인 돌들을 없애주고 흙이 제 역할을 하게 도와주며 기량을 펼치는 데 날개를 달아줄 것이다.

복합금체질이 결합됨으로써 금의 기질인 정의감과 의리를 앞세우는 성향이 추가된 경우가 많다. 배운 것보다 더 많이 활용하는 능력을 가지고 있으므로, 하나를 배우면 둘을 표현하는 재주도 있다. 그래서 이런 아이들은 스스로 공부를 열심히 한다면 앞으로 별로 걱정할 일이 없다고 봐도 좋다. 자신에게 꼭 필요한 행동을 하기 때문에 언제나 결과가 좋은 것이다. 한편 토음체질의 여린 마음과 그것으로 인한 의심, 꼼꼼함을 동시에 지녔는데 이런 특징을 스스로를 보호하는 장치로 이용한다면 좋겠다.

일단 화의 기운을 고양시키기 위해서는 공부를 열심히 하고, 부모의 의견을 존중하며 행동하는 것이 중요하다. 충분히 생각한 후에 행동을 하는 것도 도움이 된다.

결론적으로, 배운 것보다 더 많이 표현할 줄 안다는 것이 장점이다. 만약 공부를 게을리하고 그나마 별로 없는 지식을 계속 우려먹는다면 사람들이 다시 찾지 않을 것이다. 그리고 한계에 부딪히면 안 좋은 쪽으로 머리를 쓰게 될 가능성도 있다는 사실을 명심해야 한다.

토음복합수체질 :
혼자보다는 그룹을 만들어
공부하는 게 유리하다

    토음체질과 복합수체질의 조합이다. 토음체질은 기본적으로 '기름진 땅'이라는 속성을 가졌지만, 흙 자체가 단단하지 않고 부드럽다. 그래서 많은 물을 감당하기란 여간 힘든 것이 아니다. 오히려 물을 만나면 기름진 땅의 부드러운 흙은 씻겨 내려가고 밭은 유실되어 줄어들게 된다. 물의 입장에서도 흙 때문에 흙탕물이 만들어지므로 좋은 일은 아니다.

    이런 체질을 가진 사람들은 피가 탁해질 우려가 있고 혈액순환에 문제가 생기는 경우도 있다. 흙이 물에 쓸려 가버리니 줄어드는 밭의 크기만큼 마음이 아프고, 그 때문에 심장이 상할 수 있으므로 심장 질환도 유의해야 한다, 전반적으로 건강문제에 신경을 써야 하는 체질이다.

    이 체질의 아이들은 원래 연약한 면이 많고 욕심이 적은 편이다. 화의 기운으로 토가 강해지는 방법은, 항상 책을 가까이 하는 것인데, 책 읽는 습관을 가지고, 매사에 열정적이며, 부모의 말을 잘 따르는 아이라면 별로 걱정할 것이 없다. 화의 열기로 흙이 굳어지면 물을 가두기가 수월하기 때문이다. 하지만 화의 기운이 없는 상태로 욕심을 내면 결국 돈에 치여 고생만 하게 되므로 유의해야 한다. 대체로 욕심이 적은 편이라 그럴 일은 없겠지만, 올바른 경제관념에 대해 미리 교육해두는 것도 좋다.

공부에는 관심이 적은 편이지만 흥미를 갖고 열심히 하는 아이라면 반드시 성공할 것이다. 혼자보다 그룹을 만들어 공부하면 더 좋은 성적을 낼 것이다.

결론적으로 말해 화의 성질을 통해서 토의 성질을 강하게 키울 수 있다. 토의 성질은 자신의 생각으로 중심을 잘 잡아나가는 것인데, 이런 점도 토의 기운을 크게 하는 것이며 토의 기운이 커지면 성공할 수 있다. 토는 교육에도 재능이 있다는 사실을 앞에서 언급했는데, 토음복합수체질의 경우도 교육과 관련된 일을 함으로써 토의 기운을 기를 수 있다.

금양체질의
아이

센스 있는 표현력을 길러주고
교우관계에 신경 쓰자

金陽體質

금양체질의 성품 :
순수함과 정의로움,
솔직한 태도를 가졌다

금양체질은 무쇠, 큰 바위, 도끼 등의 특성을 가지고 있다. 무쇠란 사람 손을 거치기 이전의 상태이므로, 손때를 타지 않아서 가장 순수한 마음을 가지고 있다고 볼 수 있다. 종이로 말하면 흰색의 깨끗한 종이라고 할 수 있을 정도로 순수하며, 이것은 아주 좋은 장점이다. 금양체질인 사람은 성인이 되어서도 어린 시절의 순수한 마음을 그대로 간직하는 경우가 많다. 그러나 그러한 순수함 때문에 어린아이처럼 생각나는 대로 여과 없이 표현하므로 본인의 의도와는 다르게 오해를 일으키기도 한다. 순진함이 지나치면 바보스러워 보일 우려도 있다. 또한 너무 순수하고 직설적인 표현은 남의 기분을 상하게 할 수도 있다.

워낙 솔직하게 표현하다 보니 기분이 나쁘면 막무가내로 떼를 쓰거나 우는 경우도 많다. 하지만 아무리 아이라도 주위 사람에게 폐를 끼치는 행동은 부모가 주의를 주어야 하고, 기본적인 예의도 잘 가르쳐주어야 한다. 누군가가 자신의 물건에 손을 대면 격분하는데, 이런 소아기적인 소유욕은 성인이 되어서 매사에 의심이 많은 성향으로 발전할 수 있다.

무쇠는 아직 용도가 정해지지 않은 단계이므로 '내가 무엇으로 만들어질까?' 하는 궁금증 때문에 심리적으로 불안정한 상태가 되기 쉽다. 합격 여부를 통보받기 전의 콩닥콩닥하는 마음과 비슷하다고나 할까? 이러한 심리는 밖으로는 잘 드러나지 않기 때문에 남들은 잘 모른다. 무한한 가능성을 가진 아이지만, 마음속에는 부모도 모르는 이러한 심리가 있다는 사실을 이해하면 더 좋겠다. 불안정한 심리는 양육환경에 의해서 더 확고해질 수 있는데 이런 경향을 누그러뜨리려면 미래에 대한 자신감을 불어 넣어주고 사람이 살아가는 진정한 가치에 대해서 가르치는 것이 좋다.

친구관계에 집착하지 않도록 스스로 절제하는 법을 가르치자

아무리 큰 바위라 한들, 마을 어귀에 덩그러니 놓여 있다면 장승밖에 더 되겠는가. 바위도 여럿이 모여 큰 산을 이루었을 때 비로소 사람들의 시선을 빼앗는 절경이 되고 웅장함을 뽐낼 수 있을 것이다. 때로는 세월이 주는 수려함까지 더해져, 명승지가 되기도 하고 말이다.

금양체질은 이러한 웅장한 바위의 성향을 가지고 있다. 또한 바위끼리 모인다는 것은 친구와 어울리기를 좋아한다는 의미이고, 무리에서 빠지면 훌륭한 용 그림에 눈 하나를 빼먹은 격이라고 여겨 친구들과의 의리를 중요시한다. 정의와 의리는 이 체질이 가지는 성향의 핵심이라 해도 과언이 아니다. 단, 너무 지나치면 적당한 선에서 절제시켜주는 것이 필요하다. 자칫하면 '의리' 자체에 집착하여 자신은 의리를 지키지 않으면서 상대방에게만 강요하는 자가당착에 빠질 수도 있기 때문이다.

의리라는 미명 하에 남을 옥죄는 경향이 나타날 수도 있으므로 교우관계는 바람 잘 날이 없겠다. 하지만 금양체질의 아이는 기본적으로 사람을 좋아한다. 사람을 좋아한다는 것은 훗날 사회생활에서도 큰 이점으로 작용할 것이다.

호불호를 융통성 있게 표현하는 센스를 가지면 좋다

무쇠는 불에 쉽게 달궈지지만, 화로에서 꺼내면 금방 식어버린다. 이처럼 금양체질의 아이는 감정기복이 심하다. 다정할 때와 냉정할 때의 편차가 크기 때문에 주위로부터 '성격을 좀처럼 알 수 없는 아이'라는 소리를 들을 수 있다. 너무 심하다면 정서적으로 안정시킬 수 있는 방법을 모색해야 한다.

좋고 싫은 것에 대해 명확하게 구분하는 것은 좋지만, 지나치게 극단적으로 표현하기보다는 융통성 있게 말하고 행동하는 요령을 알려주도록 하자. 이 체질의 아이들은 마른 스펀지처럼 부모의 충고도 무리 없이 잘 받아들일 것이다.

겉은 차갑고 단단하게 보이지만 속은 인정이 많다

쇳붙이라고 해서 모두 단단한 것은 아니다. 금속의 종류에 따라 무른 정도가 천차만별이라서 아주 단단한 금속이 있는가 하면 손으로도 구부러질 만큼 무른 것도 있다. 또 아무리 야무진 금속이라 해도 불에 달궈지면 이내 유들유들해져 낫도 되고 호미도 되는 것이 아니겠는가.

금양체질도 마찬가지다. 겉으로는 강해보이지만 속은 겉보기와 다르게 유순하다. 첫인상이 차가운 편이기 때문에 처음에는 친구를 사귀는 데 서투를 수 있다. 하지만 의리가 있으니 친구들과 점차 깊은 관계를 유지할 수 있을 것이다.

그리고 남자의 경우, 여자와 쉽게 친해지는 재주가 있다. 금양체질의 경우 기본적으로 명예보다 돈을 좋아하는 경향이 있다. 오행에서 돈은 여자에 해당되기도 하니, 돈을 좋아하듯 여자를 좋아하기도 한다는 뜻이다. 하지만 여자의 경우는 돈이 꼭 남자를 의미하는 것은 아니다.

금양체질의 아이는 마음이 순수하고 의리가 있어서 이성문제를 일으키는 경우는 드물 것이다. 하지만 돈과 이성에 대해 올바른 가치관을 세울 수 있도록 어릴 때부터 잘 보살펴줘야 하겠다.

개혁을 상징하는 도끼 역할도 한다

금양체질은 잘못을 보고 그냥 넘어가지 못한다. 잘못된 점이 모두 잘려나갈 때까지 도끼를 휘둘러야 직성이 풀린다. 목에 칼이 들어와도 할 말은 하고 고칠 것은 고쳐야 하는 스타일이라 간혹 과격하게 행동하거나 혁명적인 성향을 가지는 경우도 있다.

이런 점에는 생각의 구조가 단순하다는 이유도 한몫하는데, 요령을 동원해서 노련하게 해결하기를 기대하기는 어렵지만, 그런 면을 자꾸 배우고 연습한다면 상당히 큰 도움이 될 것이다.

금양체질의 코칭팁 :
대인관계 스킬과
감정조절의 요령을
가르치자

금양체질은 감정기복이 큰 편이라서 어릴 때부터 아이 스스로 감정을 조절하는 법을 훈련시켜야 한다. 좋고 싫은 것을 요령 있게 표현하는 방법도 알려주어야 한다. 원래 순수한 속성을 지니고 있기 때문에 무엇이든 단순하게 생각하는 경향이 있는데, 그렇다 해도 대인관계에 문제가 생기지 않을 정도로는 가르쳐야 할 것이다. 코칭팁을 정리하면 다음과 같다.

- 어린아이와 같은 순수함이 때로는 세련되지 못하게 드러나기도 하므로 센스 있는 표현력을 기르는 것이 좋다.
- 의리를 가장 중요하게 여긴다. 진정한 의리가 무엇인가를 생각해보게 하자.
- 겉은 차갑고 단단해 보이지만 속마음은 여리고 무르다.
- 미래에 대한 생각이 많다 보니 무엇을 할까 하는 고민도 많고 불안해하기도 한다.

- 처음에는 친구 사귀기가 쉽지 않으므로 요령을 일러주는 것도 좋다.
- 남을 다치게 하거나 자기 몸이 다치지 않도록 주의해야 한다.
- 불의를 보면 참지 못하고 사고를 치기도 하므로 신중하게 행동하도록 미리 지도하는 것이 좋다.
- 관심과 무관심, 좋고 싫음이 너무 분명하게 나타나므로 잘 조절하도록 코칭한다.
- 대체로 친구들과 어울리길 좋아하지만 지나친 경우는 주의를 주자.

금양체질의 아이들은 아무것도 그려져 있지 않은 하얀 도화지처럼 순수한 마음을 가졌다. 이런 장점 때문에 사람이나 상황에 대해 선입견을 가지지 않는 장점이 있다. 친구간의 의리를 중요하게 생각하는 것도 장점이다. 그러나 이런 점이 너무 두드러지면 남들이 얕잡아보거나, 사기 피해를 당할 수도 있다. 이 체질의 아이들에게는 대인관계에서 조심해야 할 점을 알려주고, 자신과 남을 구분하는 법을 코칭해줄 필요가 있다.

'나는 어떤 사람이 될까?' 하는 것에 대한 막연한 고민으로 마음이 불안정해질 수도 있다. 밖으로 잘 드러나지는 않지만, 특히 사춘기 때는 진로에 대한 불안감이 커져서 고민이 깊어진다. 따라서 부모는 세심하게 관찰하면서 아이의 심리적 안정에 신경 써줄 필요가 있다.

겉으로 보기에는 강해보이지만, 속은 다르다. 첫인상이 차가워 쉽게 친구를 사귀지 못하지만 일단 친해지면 따뜻한 인정과 의리로 관계를 돈독히 한다. 또한 정의롭지 않은 일이나 의리를 지키지 못하는 일에 대해서는 무섭게 덤비는 경향을 보이기도 한다. 그런데 이런 점이 가끔 과격한 행동으로 이어져 사고를 일으키는 경우도 있으니 주의해야 한다. 도끼로 비유되듯이, 쇠의 성질을 가졌기 때문에 무심결에 한 행동으로 자신이 다치거나 남을 다치게 할 소지가 있으므로 항상 몸조심하도록 주의시켜야 한다.

금양체질은 겉보기에는 강한 것 같지만 유약한 마음을 가지고 있는 경우가 많기 때문에 자신을 확실히 컨트롤해주는 사람을 좋아한다. 무쇠가 솜씨 좋은 대장장이를 기다리는 격이랄까? 만약 금양체질의 딸이 있다면 주관이 강한 남자를 만나는 것도 나쁘지 않으므로 사윗감 고를 때 알아두면 유용할 것이다. 그리고 금양체질의 남자는 어정쩡한 것을 싫어하고 분명한 일처리를 좋아하기 때문에 결단력 있는 상사나 선배를 기대하는 경향이 있다.

의리를 매우 중요하게 생각하는 체질이라서 인정에 얽매이거나 거절을 못할 때도 있다. 특히 친구의 부탁이라면 마다하지 않고 들어주는 편이다. 처음 만난 사람과는 쉽게 사귀기 어려울 수 있지만, 시간을 두고 친분을 쌓으면 강건한 신뢰관계를 구축할 수 있다.

건강을 보호해주거나 치료에 이로운 색 : 검은색
기운을 북돋워주거나 공부에 이로운 색 : 황색, 갈색
건강을 위해서 피하는 것이 좋은 색 : 붉은색
공부할 때 이로운 방향 : 방향에 관계없이 방 중앙에서 공부한다.

금양체질의 진로와 적성 :
잘못된 것을 바로 잡는 일이 어울린다

금양체질의 인물로는 칼 마르크스와 아이작 뉴턴, 이순신 장군, 타이거 우즈, 헤르베르트 폰 카라얀 등이 있다. 금양체질은 목에 칼이 들어와도 할 말은 하고 고칠 것은 고쳐야 한다는 생각을 가지고 있어 행동이 과격해지거나 혁명적인 성향을 가지고 있는 경우가 많다. 그런 점에서 마르크스는 금양체질의 특징을 잘 보여주고 있다.

또한 중력을 발견한 아이작 뉴턴 역시 천진난만한 어린아이 같은 금양체질의 특징을 잘 보여준다. 뉴턴은 자신에 대해 이렇게 말한 적이 있다. "나는 세상에 내가 어떻게 비치는지 모른다. 하지만 나는 나 자신이 바닷가에서 노는 소년이라고 생각했다. 앞에는 아무것도 발견되지 않은 진리라는 거대한 대양이 펼쳐져 있고, 가끔씩 보통 것보다 더 매끈한 돌이나 더 예쁜 조개껍질을 찾고 즐거워하는 소년 말이다."

이순신 장군 역시 주어진 직분에 충실하고 권력에 줄을 대거나 상관에 아부할 줄 모르는 강직한 성품 때문에 승진도 느리고 공을 인정받기도 어려웠다. 하지만 소신과 추진력이 강해서 자기 의지로 밀어붙일 수 있는 능력을 가지고 있었다. 금양체질의 대표적인 성향은 옳은 일에 대한 열정과 의리인데, 이순신 장군은 이런 강점들로 불멸의 업적을 남기게 되었던 것이다.

　장점을 잘 계발하면 훗날 무한한 가능성을 펼칠 수 있는 체질이 바로 금양체질이다. 무엇이든 될 수 있는 금속의 기질을 발휘하는 데는 직장생활보다는 사회적인 통념을 깰 수 있는 획기적인 분야에서 사업가로서의 재능을 드러내는 게 유리할 것이다. 쓸모없는 것을 새롭게 만들어내는 분야에서도 능력을 발휘할 수 있다. 불이나 나무를 이용해서 새로운 제품을 만들어내는 사업도 좋다.

　불의를 보고 그냥 넘어가지 못하는 성격인 데다 잘못된 것은 바로잡아야 직성이 풀리는 편이라서 군인, 검찰, 경찰 같은 직업도 잘 맞는다. 그러한 측면에서는 인체의 질병을 다스리는 의료 분야, 시민단체 등에서 활동하는 것도 좋을 것이다.

　소신과 추진력이 강해서 자기 의지로 밀어붙일 수 있는 업무를 맡아야 유리하다. 예를 들어 기업체나 조직에서 감사를 맡는 것도 좋다. 사업을 할 때는 지나치게 의리에 치우치거나 일에 대한 열정이 금방 식어버리지 않도록 자신을 관리해야 하는 것에 주의해야 한다. 아래의 적성 분야를 보면 다소 의아하게 생각되겠지만, 금양체질은 인문 계열, 자연 계열, 이공 계열에 모두 맞는다. 이는 체질적 특성으로 보는 게 좋겠다.

　적성 분야 – 재계, 정계, 의학 계열, 인문 계열, 자연 계열, 이공 계열, 외과, 성형외과, 정형외과, 치과, 이비인후과, 해군, 육군 등.

금양과체질 :

순수함도 지나치면
오해를 일으킬 수 있다

금양체질은 무쇠, 큰 바위, 도끼 등의 특성을 가지고 있다. 금양체질이 가진 순수한 본성은 아주 훌륭한 장점이며, 어른이 되어서도 어린 시절 그대로의 순수성을 가지고 있는 경우가 많다.

하지만 이런 점이 지나쳐 어린아이처럼 생각나는 대로 말한다거나, 여과 없이 마음을 표현하다가 의도와는 다르게 괜한 오해를 살 수도 있다.

과체질의 경우는 이런 부분에서 문제가 되는 경우가 더 많다. 보이는 대로 너무 솔직하게 말해버리니 받아들이는 상대방은 기분이 나쁠 수밖에 없다. 순진함도 지나치면 바보스러워 보일 수 있다는 점을 알아야 할 것이고, 너무 직설적으로 표현하면 상대방은 기분이 상할 수 있다는 점도 신경 써야 할 것이다.

반드시 기본체질을 먼저 읽어보고 비교하면서 이해하기 바란다.

적당한 교우관계를 유지해나가도록 코칭하자

바위끼리 모인다는 것은 친구와 어울리기를 좋아한다는 의미다. 친구들 모임에서 혼자 빠지면 그림에 구멍이 난 것처럼 허전할 것이다. 금양과체질인 경우는 정의와 의리가 체질의 핵심이라 해도 과언이 아니다. 사람을 좋아하는 성향이 도를 넘으면, 친구들과 어울려 다니는 데만 집중하느라 학생으로서의 도리를 다하지 못하는 우를 범할 수도 있다. 적당한 선에서 교우관계를 유지해나갈 수 있도록 코칭해야 한다.

정서적인 안정에 집중하라

금양과체질의 경우는 기본체질에 비해 감정의 기복이 더 크고 쉽게 흥분하기 때문에, 정서적으로 안정시킬 수 있는 방법을 연구해야 한다. 좋고 싫은 것이 너무 분명해서 선을 그어버리는 습관을 가질 수 있으므로 이런 점에 대해서도 융통성을 길러주는 게 좋다.

겉으로 보기에 한없이 단단할 것 같은 무쇠도 대장간 화로 속으로 들어가면 망치로 두드려서 물건을 만들 수 있을 만큼 부드러운 상태가 된다. 마찬가지로 금양체질은 겉으로 보기에는 강해 보이지만 속은 다르다. 과체질인 아이들은 이 차이가 더 심하기 때문에 친구를 사귀는 데 어려움이 없도록 지도해주는 것이 좋겠다.

금양불급체질 :
자존감을 되찾고
공부의지를 키워주자

금양불급체질은 도끼는 도끼인데 날이 닳고 무뎌져 기능적으로는 쇠뭉치에 불과한 모양이다. 사람들에게 인정받지 못하는 것은 물론이고 자존감조차 부족한 아이다. 아이가 날을 세우고 자신의 존재감을 되찾을 수 있게 도와줘야 할 것이다. 스스로의 중요성을 인식하지 않으면 그 누구도 자신을 소중하게 생각해주지 않을 것임을 확실히 인지시키자. 이런 경우 책을 가까이 하고 공부를 열심히 하는 것이 해결책이 될 수 있다. 적절한 공부환경을 조성하고 의지를 북돋워주는 것에 주력해야 할 것이다.

강단을 키워줄 수 있는 훈련을 시키자

금양불급체질은 기본 금양체질이 가진 순수함이 여린 마음으로 약해져 있다. 어려서부터 강단을 키워줄 수 있는 훈련을 꾸준히 해줘야 하겠다. 생각나는 대로 말하는 버릇을 고쳐야 괜한 오해를 피할 수 있다. 순수함도 지나치면 바보 같아 보일 수 있다.

겉으로는 단단해 보이지만 속으로는 수만 가지 걱정을 하고 있는 것이 바로 금양체질이다. 특히 불급체질의 경우 미래에 대한 걱정이 지나치면 불안한 심리가 심장에 무리를 주고 신경성 질환을 유발할 수 있다. 아이가 평정을 유지할 수 있게 대화, 명상 등을 함께 해보는 것도 좋은 방법이다.

의리도 중요하지만 공부를 통해 존재감을 높이자

큰 바위가 무리를 이루어 위엄과 웅장함을 과시하면 그야말로 장관이지만, 금양불급체질은 작은 바위들이 모여 있는 형국이다. 말하자면 스스로 규모를 키우기 위한 노력을 해야 한다. 바위들이 무리를 이룬다는 것은 친구와 어울리기를 좋아하는 성향을 가지고 있다는 것을 의미한다. 자신을 비롯하여 친구 중 하나가 빠지면 조직이 무너진다고 생각하기 때문에 불급체질인 경우에도 의리를 중요시한다. 정의감과 의리는 이 체질이 가지는 핵심적인 성향이지만, 특히 불급체질은 여러 가지 공부를 통해 자신의 존재감을 높일 수 있는 노력이 선행되어야 한다.

지나치게 단정적인 성향으로 흐르지 않도록 주의시키자

금양체질을 타고난 아이가 온순함과 냉정함의 편차가 크다면, 이것은 체질적인 특성이므로 무조건 나무라서는 안 된다. 감정기복이 큰 금양체질의 아이는, 그런 특성을 잘못된 것이라고 다그치기보다는 정서적으로 안정감을 유지할 수 있도록 돕는 것이 우선이기 때문이다. 호불호가 명확한 표현방식

역시 지나치게 단정적인 성향으로 흐르지 않도록 코칭해주어야 한다. 금양 불급체질의 경우 요령이 없어 특히 대인관계를 어려워하고, 또한 이런 점이 심리적 불안요인으로 작용할 수 있으니 특별히 유의해야 한다.

금양복합목체질 :
친구들과 함께 공부하면
능률이 오른다

금양체질과 복합목체질의 조합으로, 나무가 많고 수풀이 우거진 곳에서 달랑 도끼 한 자루만 가지고 벌목하고 있는 모습이다. 나무를 자르기에는 도끼가 너무 부실해 보이지만, 이곳을 잘 정리하면 성공이 보장된 것이므로 이 체질의 아이들은 어릴 때부터 돈에 관심이 많은 편이다. 나무는 자르면 돈이 되듯이 이 체질의 아이들은 주위에 돈으로 보이는 것이 있으면, 일을 시작하기도 전에 얼마를 벌 수 있을지 본능적으로 계산할 수 있다.

욕심을 부리면 무리하게 되고, 도끼날이 금방 무뎌져 일의 능률이 떨어질 것이다. 떼쓴다고 모든 일이 원하는 대로 정리되는 것도 아니다.

공부에 힘을 쏟고 머리를 이용하여 해결을 하는 것이 훨씬 수월하고 능률적이다. 그러나 당장 눈앞에 보이는 돈 때문에 공부가 눈에 들어오지 않고, 공부를 하다가도 성적이 오르지 않으면 금방 흥미를 잃어버리게 된다. 돈이라는 기운은 공부의 기운을 빼앗는 역할을 한다.

공부는 친구들과 그룹을 만들어서 하는 것이 효과적이며 좋은 친구들을 만나도록 신경을 써준다면 자기들끼리 알아서 잘할 것이다. 그렇게 하는 편이 효율도 높고, 부모도 편하다. 부모는 중간에 계획을 짜고 점검하는 데 관여해주는 것이 더 좋다. 금양복합목체질의 아이들은 부모의 이야기를 잔소리로 여기지 않고, 오히려 신경 써주는 것에 대해 안정감을 느끼고 공부에 더 집중한다.

평소에 돈과 여자에 관심이 많으므로 항상 주의해야 한다. 돈이라는 것도 자신의 기운이 충만할 때 제대로 부릴 수 있는 것이지, 기운이 부족한 경우에는 오히려 돈에 치여 고생만 하게 될 것이다. 돈은 억지로 좇는 것이 아니라 저절로 따라오게 만들어야 한다는 생각을 가지도록 올바른 경제관념에 대해 교육해두는 것이 좋다.

결론적으로 말해 공부에 집중하도록 부모와 합심해서 노력하는 것이 좋고 친구들과 함께 공부하는 것이 성적을 올리기 쉬울 것이다. 단, 결과에 너무 집착하지 않도록 해야 한다.

금양복합화체질 :
부모와 좋은 관계를
갖는 것이 중요하다

금양체질과 복합화체질의 조합으로, 금양체질인 무쇠는 불을 가장 좋아한다. 뜨거운 불이 있어야만 자신이 좀 더 가치 있는 기구나 귀금속으로 재탄생할 수 있기 때문이다. 그러나 여기서는 너무 큰 불이라 무쇠조차 흔적도 없이 사라지게 만들 수 있는 어려운 상황이다.

이럴 때는 오행의 순환구조상 토의 기운이 절대적으로 필요하다. 토는 중심을 잘 잡고, 어느 한쪽으로 쏠리지 않는 공정한 기운을 가지고 있다. 이러한 토의 기운은 금과 화 사이에서 완충장치의 역할을 톡톡히 해내는데, 불의 기운을 잘 모아서 금을 자연스럽게 원하는 것으로 만들어주기 때문이다.

원래 화의 기운이 복합체질로 결합되면 분명한 것을 좋아하는 습성으로 나타난다. 거기다 금양인 무쇠는 정의를 부르짖고 개혁적인 성향을 가지고 있으므로 이 둘이 조합되면 '융통성'을 기대하기 어렵다. 두 기운 모두 정해진 규칙에서 벗어나는 것을 싫어하므로 금양복합화체질의 아이는 부모에게도 입바른 소리를 잘하는 편이다. 오히려 부모가 잔소리를 듣는 경우도 많다. 그러나 옳은 소리만 골라서 하니 반박할 거리도 없다.

그러나 동료들의 도움을 받는다면 무쇠의 양이 많아지는 것이므로 남아도는 화력을 제대로 사용할 수 있다. 이 체질의 아이는 부모의 말을 귀담아 듣고 의견도 잘 받아들이는 편인데, 이것이 자신에게 좋은 기운을 많이 가져다 줄 것이다.

결론으로 이 체질은 부모와의 관계가 중요하며 서로 의견을 잘 맞춘다면 화목한 가정이 될 것이다. 부모와 의견충돌이 별로 없고 협조가 수월하므로 공부는 물론이고 성인이 되어서도 좋은 습관을 그대로 유지한다면 행복한 인생이 될 것이다. 공직에서도 고위직에 오를 가능성이 크다.

하지만 반대의 상황이 되면 주위에서 상대하기 싫어하고 피곤한 사람으로 인식되기 쉽다. 자기주장만 앞세워 융화가 어렵고 건강 또한 좋지 않아 매사에 신경질적인 경향을 보일 수 있기 때문이다. 당연히 즐거운 인생은 아닐 것이다.

금양복합토체질 :
무엇이든 몸으로
직접 경험하는 것이
가장 좋다

금양체질과 복합토체질의 조합으로 구성된 체질이다. 무쇠 덩어리가 흙더미에 묻혀 있어 찾기도 쉽지 않다. 물을 뿌려 흙을 씻다 보면 무쇠 덩어리를 쉽게 찾을 수 있을 것이다. 흙에 묻혀 있으니 얼마나 갑갑하겠는가? 빨리 꺼내서 씻어줘야 한다.

이 체질의 아이는 일단 부모의 간섭을 싫어한다. 부모의 조언이나 충고도 간섭이라고 표현할 것이며, 대화를 오래 하기 어려운 경우가 많다. 또한 배운 것이 많아도 다음 단계로 넘어가면 활용하지 못하는 경우가 많아 고학년으로 올라갈수록 공부에 흥미를 잃기 쉬운 체질이다. 책상 앞에 오래 앉아 있다고 해서 성적이 오르는 것이 아니다. 짧은 시간을 하더라도 집중해서 공부하는 것이 진짜 공부라는 것을 알아야 하겠다. 전공을 살려서 직업으로까지 이어지는 경우는 드문 편이다.

배운 것이 머릿속에만 있을 뿐 꺼내 쓰는 재주도 부족하다. 그러다 보니 머릿속에 무언가가 잔뜩 엉켜 있는 기분이 들 것이다. 이때는 여행을 다녀보는 것이 좋겠다. 또한 부모와 대화를 나누면 그간 쌓였던 오해들을 풀 수 있는 전환점이 될 수 있다.

금양복합토체질의 아이는 활발한 실천과 활동을 통해 생각의 굴레에서 벗어나는 것이 가장 중요하다. 무엇이든 몸으로 직접 경험하는 것이 가장 좋으며 활발하게 움직이고 많이 표현할수록 발전할 수 있는 체질이다. 그런 점을 고려할 때 여행이 매우 유익하다.

결론적으로, 이 체질의 아이들은 고민을 줄이고 집중력을 길러야 한다. 이는 수의 기운이 있으면 가능한데, 쉼 없이 흐르는 물처럼 차분함과 지혜를 갖도록 지속적으로 연습하는 것이 수의 기운을 만드는 방법이다.

물 흐르듯 여행을 하면 새로운 것을 우연히 알게 되고, 그 속에서 자신이 진정으로 잘하고 있는가를 반성해볼 수 있을 것이다. 결국 나쁜 습관을 스스로 고치는 계기도 될 수 있어서 성적도 오를 것이다. 가슴으로 느끼는 반성은 새로운 에너지가 되니까 말이다.

금양복합수체질 :
자기중심을 잡고
노력한다면 원하는 바를
쉽게 이룬다

금양체질과 복합수체질의 조합으로, 무쇠덩어리가 깊은 물 어딘가에 풍덩 빠져 있다. 무쇠의 입장에서는 빨리 빠져나와야 녹이 슬지 않을 것이며, 언젠가는 자신도 불을 만나서 폼 나는 귀금속으로 다시 태어나 귀한 대접을 받고 싶은 상황이다. 오행의 흐름으로 보면 자신이 배운 것보다 표현하는 능력이 좋아 집중해서 공부하면 하루가 다르게 실력이 좋아지고 성적이 오를 것이다. 성적 향상에 유리한 점을 가지고 있다.

토의 기운을 만드는 것은 공부를 열심히 하는 것인데, 미래에 자신이 어떤 역할을 할 것인지 중심을 잡고 노력한다면 원하는 바를 쉽게 이룰 수 있다. 무쇠 덩어리가 자기 역할을 하려면 물길을 돌리는 흙이 필요하고 이를 통해서 자신이 밖으로 나올 수 있는 것이다. 내가 정말 잘할 수 있는 것이 무엇이고, 진정으로 하고 싶은 것은 무엇인가를 깊이 생각할 필요가 있으며 이를 통해서 자기발전을 도모해야 한다.

결론적으로, 이 체질에게는 토의 역할이 가장 중요하므로 토의 성질을 만들어야 한다. 즉, 자기중심을 잘 잡고 침착하게 생각하며, 치밀하게 계획을 세우고 공부에 집중하는 것이다. 이러한 노력을 게을리하지 않는다면 원하는 바를 이룰 수 있을 것이다.

금양복합수체질의 아이들은 부모의 의견을 잘 따르는 편이다. 이는 자신의 운을 좋게 만드는 것이기도 하다. 부모가 관심을 가져주는 것은 토의 기운을 상승시키는 것이고, 그만큼 아이는 성공에 가까이 다가가게 될 것이다.

금음체질의
아이

자존심을 살려주면서
정교함과 추진력을
응원해주자

金陰體質

금음체질의 성품 :
꽃의 아름다움과
가시의 냉정함이 공존한다.

　금음체질은 보석, 칼, 가위, 액세서리 등으로 비유할 수 있다. 보석이 가진 '도도함'이라고 할까? 보석은 빛을 받으면 화려함이 더해지고 사람들의 관심이 집중된다. 모든 사람들에게 관심의 대상이 되길 바라고, 주위 사람들이 알아서 자신을 보석처럼 대우해주길 은근히 기대하는 성향을 지녔다. 그러나 노골적으로 자신의 요구를 밝히기는 싫고, 은연중에 그렇게 대접받기를 바라는 것이다. 그러므로 자신을 능가하는 존재에 질투를 느끼고 속상해하지만, 자존심이 강해서 겉으로 드러내지 않는다.

　이런 경우 자의식이 지나쳐 아집으로 변하지 않도록 주의해야 한다. 또한 아이가 속으로 "내가 최고!"라고 생각하는 부분들이 자신도 모르게 표출될 수 있는데, 그런 경우 친구들로부터 '잘난 척하는 아이'로 낙인찍힐 수 있으니 자만하지 않도록 코칭해주어야 한다.

　대체로 평소에는 남들과 잘 지내지만, 자신의 의견이 무시되거나 누군가가 자신에게 같은 실수를 반복하면 그 사람과의 관계를 두부 자르듯 단칼에 잘라버리며 절대 되돌리는 법이 없다. 옥석과 같이 빛나면서도 한번 냉정해지면 한겨울에 날이 바짝 선 칼처럼 차갑다. 그러나 그러한 모습을 자주 보이지는 않으니 걱정할 필요는 없겠다. 만에 하나라도 자주 그런 일이 발생한다면 잘 타일러서 조심하게 하고 왜 그러는지 반드시 이유를 알아보는 것이 좋다.

외모만 따지지 않도록 올바른 가치관을 심어주자

극장 안에서 반지 자랑을 해본 적 있는가? 아무리 값비싼 보석이라도 빛이 들지 않는 곳에서는 가치를 드러낼 수 없다. 빛을 본다는 것은 명예를 얻는 것과 같은 의미다. 금음체질은 돈보다 명예를 더 중시한다.

또한 이성교제를 할 때는 이성의 외모를 우선시하기도 한다. 금음체질의 자녀를 뒀다면 지나치게 명예만을 좇느라 경제적인 기반까지 흔들리거나, 지나치게 외모만 따지거나 내면의 가치를 하찮게 여기지 않도록 어릴 때부터 올바른 가치관 형성에 힘써야 하겠다.

내적으로 단단하고 노련하다

탄소 덩어리는 영겁의 세월로 견고하게 굳어지고 수없이 깎이는 인고의 시간을 견뎌야 비로소 다이아몬드와 같은 보석으로 거듭날 수 있다. 이 체질을 타고난 아이 역시 내적으로 단단하며 경험이 많아 노련하다. 단단하게 영글어 의지가 굳고 고집이 센 것도 사실이지만 이것이 좋은 쪽으로 발휘된다면 성공에 한 걸음 다가선 것이다. 한번 정한 목표에 대해서는 그 추진력이 타의 추종을 불허할 정도이니, 이러한 장점을 잘 살릴 수 있도록 부모가 잘 이끌어줘야 할 것이다.

치밀함과 정교함의 결정체다

보석 장인들은 원석을 다듬기 전에 어떤 모양으로 자르고 깎을 것인가에 대해 진지하게 생각하고 치밀하게 계획을 세운다. 치밀함과 정교함이 없다면 그저 울퉁불퉁하게 생긴 돌덩이 정도로 취급받겠지만, 정확하고 섬세하게 가공된다면 비로소 보석은 자신의 가치를 발휘할 수 있다.

금음체질의 아이 역시 철저한 계획 하에서 움직이는 성향을 가졌는데, 이것이 단점이 되면 스트레스에 민감해지고 강박관념이 커진다. 두뇌회전은 좋지만 너무 세부적인 것에 집착할 수 있다는 점이 우려된다. 아이의 세밀함은 장점으로 승화·발전시키되, 실수를 저질렀을 때 지나치게 자책하거나 집착하면 헤어나지 못할 수 있으므로, 훌훌 털어버릴 수 있는 심리기술을 가르치고 스스로에 대한 관용을 베풀도록 보살펴야 한다.

금음체질의 코칭팁 :

자존심을 살려주면
빈틈없이 제 몫을 해낸다

금음체질은 평소에는 대체로 친구들과 사이좋게 지내지만 감정이 틀어지면 단칼에 관계를 정리해버리는 면이 있다. 이것은 금음체질이 지닌 냉정한 기질 탓인데, 자주 일어나는 일은 아니다.

그러나 이런 일이 잦아지면 교우관계에 문제가 생길 수 있으므로 주위 사람들에게 극단적으로 대했을 경우에는 그 이유를 들어보는 것이 좋다. 물론 지혜롭게 대처하는 법도 가르쳐줘야 할 것이다. 코칭팁을 정리하면 다음과 같다.

- 은근히 자기애가 강하므로 함부로 자존심을 건드리지 않는 게 좋다.
- 무슨 일을 하더라도 본인이 만들어놓은 규칙과 틀 속에서 생각하고 행동한다. 하지만 그 틀을 깨는 것이 자유로워지는 길이다.
- 장미처럼 매혹적인 꽃 뒤에는 가시가 있음을 알아두어야 할 것이다.

- 화려한 것을 좋아하고 외모를 따지는 편이며 남의 눈을 많이 의식한다.
- 자기관리가 철저하므로 빈틈을 잘 보이지 않고 냉철하게 판단한다.
- 겉보기보다 마음이 더 단단하고 의지가 강하다.
- 남녀 불문하고 외모가 출중한 경우가 많다.
- 평소에는 부드러운 사람이지만 상대에 따라서 매몰찬 면을 보이기도 한다.
- 섬세하고 정교한 손재주가 있다.
- 정확한 기획능력과 계산능력을 가지고 있다.

　요약해보면 보석의 기운을 지니고 있는 금음체질은 주목받고자 하는 욕구가 강하다. 자존심이 강해서 겉으로 표를 내지는 않지만 사람들에게 관심의 대상이 되길 바라며 어디서나 주인공으로 빛나기를 열망한다. 이처럼 자신을 소중하게 생각하는 경향은 장점이지만, 지나치면 자아도취에 빠져 잘난 척하는 것처럼 보일 수 있으므로 주의할 필요가 있다.

　실리보다는 명예를 더 소중히 생각하는 경향이 있어 장차 자신의 가치를 빛내는 분야를 진로로 삼는 것이 좋다. 이성을 사귈 때도 외모를 중시하는 편이다. 어쩌면 이런 특성들 때문에 후회할 일이 발생할 수도 있겠지만 고치라고 다그칠 필요는 없다.

　더욱이 자의식이 강한 체질이니, 스스로 중심을 잡고 현명하게 판단할 수 있도록 뒷받침해줘야 할 것이다. 그것은 장점을 살리는 길이기도 하다.

　평소 자녀의 생활을 눈여겨본 부모라면 아이가 모든 일에 이해력이 빠르고 노련하다는 것을 감지했을 것이다. 때로는 얄미울 만큼 영악해 보이기도 하는데 이는 금음체질의 특성상 의지가 굳고 내면이 단단하기 때문이다. 이런 점은 공부하거나 일할 때 긍정적으로 작용하는데, 한번 목표를 정하면 타의 추종을 불허할 만큼 강한 추진력을 보여줄 것이다.

뿐만 아니라 두뇌회전이 빠른 만큼 대단히 꼼꼼해서 실수가 적다. 그러나 꼼꼼함이 집착으로 변하여 가끔씩 어처구니없는 실수를 저지르기도 한다. 이런 경우 본인이 극심한 스트레스에 직면할 수도 있다. 부모는 평소에 아이가 대범한 마음을 갖도록 가르쳐야 하겠다.

금음체질은 귀족 본능을 가지고 있는 경우가 많으므로 타인으로부터 관심받기를 은근히 좋아한다. 단 스스로를 드러내서 관심을 받는 것이 아니라, 타인이 알아서 치켜세워 주기를 바라는 스타일이기 때문에 노골적인 관심보다는 부담스럽지 않을 정도로 호감을 표현하는 것이 좋겠다.

금음체질은 일과 교제에 있어서 분명한 입장을 취한다. 자신의 입장이 분명히 정립되었을 경우에는 어정쩡한 행동을 용납하지 못하는 편이다. 자신에게도 엄격하지만 상대의 실수에 대해서도 냉정하므로 친할수록 행동을 조심해야 한다.

겉으로 드러내진 않지만 통제력이 강하고 명민하며 냉철한 면을 지녔기 때문에 일단 아니다 싶으면 단칼에 정리하는 경향이 있다. 이런 사람 앞에서 어설프게 근거도 없는 말을 늘어놓았다간 창피를 면하기 어려울 것이다.

건강을 보호해주거나 치료에 이로운 색 : 검은색
기운을 북돋워주거나 공부에 이로운 색 : 황색, 갈색
건강을 위해서 피하는 것이 좋은 색 : 붉은색
공부할 때 이로운 방향 : 방향에 관계없이 방 중앙에서 공부한다.

진로와 적성 :
치밀함과 정교함을
발휘하는 일이 어울린다

금음체질의 인물로는 언어학자 노암 촘스키와 레오나르도 다 빈치, 악성 베토벤, 처칠, 퀴리 부인, 철강왕 카네기 등이 있다. 노암 촘스키는 언어학자로서만이 아니라 현실비판과 사회참여에 앞장서는 실천적인 지식인으로서도 널리 알려져 있다. 치밀함과 정교함으로 똘똘 뭉친 금음체질답게 날카롭고 매서운 비판정신을 가졌다.

또한 레오나르도 다 빈치는 진정한 르네상스적 인물로 미술, 과학, 의학 등에 뛰어난 재능을 보인 세기의 천재였다. 또한 악성 루트비히 반 베토벤 역시 옥석의 삶을 살아낸 금음체질의 전형이다. 그의 삶과 음악은 영겁의 세월 동안 인고의 시간을 견뎌야 비로소 만들어지는 다이아몬드처럼 견고하고 신비로운 빛을 뿜어냈다.

윈스턴 처칠이 가진 불굴의 의지와 리더십 역시 금음체질의 특징을 잘 보여준다. 금음체질은 일에 있어서 철저하게 계획대로 움직이는 성향을 가지고 있는데, 이것이 단점이 되면 강박관념이 된다.

마리 퀴리와 앤드류 카네기 역시 금음체질이었는데, 금음체질은 한 번 목표를 정하면 타의 추종을 불허할 만큼 강한 추진력을 보여준다. 또한 금음체질은 언제 어디서나 관심의 대상이 되길 바라며 주인공으로 빛나기를 열망한다. 금음체질이 스스로를 소중하게 생각하는 경향은 장점이지만, 이것역시 지나치면 자아도취에 빠져 잘난 척하는 기질이 될 수도 있다. 어찌 되었든 무른 쇳덩어리를 강철로 새롭게 태어나게 만드는 것은 무쇠의 가치를높이는 일이다.

사업가보다는 직장생활이 어울리는 경우가 많다. 특히 섬세함과 날카로운성향을 가졌으므로 정교한 작업을 요하는 일에 적합하다. 예를 들어 세공기술로 부가가치가 높은 제품을 만드는 분야에서 재능을 발휘할 수 있다. 더불어 정확한 기획력과 계산능력을 소유하고 있으므로 직접 만드는 일이 성에차지 않는다면 이러한 분야를 택하는 것도 좋다. 또한 고집스러운 면을 지니고 있기 때문에 한 분야를 깊게 파고드는 연구직도 어울린다.

금양체질과 마찬가지로 금음체질도 잘못된 것을 바로잡고자 하는 의지가강하다. 따라서 감사기관이라든가 의료 계통, 군인, 검찰, 경찰 등의 분야에서도 능력을 발휘할 수 있다. 보석으로 비유되는 체질이므로 귀금속처럼 작지만 높은 가치를 인정받는 물건을 취급하는 것도 좋다. 나아가 화려한 조명을 받을 수 있는 연예인이나 정치가로 진로를 정해도 나쁘지 않다.

적성 분야 – 이공 계열, 의학 계열, 자연 계열, 재계, 정계, 외과, 성형외과, 정형외과, 치과, 이비인후과, 해군, 육군 등.

금음과체질 :
굳은 의지와 강인한
추진력을 응원해주자

　기본 금음체질은 보석, 칼, 가위, 액세서리 등의 특성을 가지고 있으므로 거기에 과체질이 붙는다고 생각하면 된다. 자신보다 빛나는 사람이 있으면 은근히 질투하고 속상해하지만, 자존심이 강해서 절대로 티는 안 낸다. 이러한 자존심이 아집으로 변하지 않도록 주의시킬 필요가 있다. 자기가 최고라는 생각이 의도하지 않게 표현되는 경우도 있으니, 친구들 사이에서 '잘난 척하는 아이'로 낙인찍히지 않으려면 주의해야 한다.

　게다가 과체질인 경우, 자아가 너무 강하기 때문에 밖으로 표현되는 경우가 더 많아져 쌀쌀맞고 접근하기 어려운 사람으로 생각되기 십상이다. 교우관계의 폭이 좁아질 수 있으니 각별히 주의시키자.

　보석은 빛이 있어야 가치가 드러난다. 빛을 본다는 것은 명예를 얻는 것을 말하는데, 그래서 이 체질의 아이들도 돈보다는 명예를 더 선호한다고 보면 된다. 이성교제를 할 때도 상대방의 외모가 먼저 눈에 들어오므로 예쁘거나 멋있지 않으면 사귀려고 하지 않는 경향이 있다. 특히 과체질은 남들의 시선을 많이 의식한다. 그러므로 남의 눈을 의식하는 것이 얼마나 피곤한 일인지를 생각해보고, 자신이 추구하는 세계를 다시 한 번 돌아보는 것이 좋겠다. 반드시 기본체질을 먼저 읽어보고 비교하면서 금음과체질 아이에 대해 이해해보자.

훌훌 털어버리지 못하고 전전긍긍하는 경우가 있다

평소에는 남들과 잘 지내는 편이지만 자신의 의견을 무시하거나 자신에게 실수를 반복하는 사람과는 과감하게 관계를 끊어버리고 절대로 돌아보지 않는다. 과체질의 경우에는 특히 더 냉정해서, 상대방의 실수에 대해 단 한 번의 재고도 없이 바로 등을 돌린다. 냉정한 모습을 자주 내비치니 자신이 정해 놓은 틀에서 벗어나기 어렵고, 타인에게도 자기만의 기준을 강요하는 경우도 있다. 때문에 주위 사람들이 피곤하다고 생각할 수 있다. 이런 성향을 가진 아이라면 잘 타이르고 대화를 해보는 것이 좋겠다.

보석의 정교한 세공과정처럼 금음과체질이 가진 꼼꼼함과 예리함은 이루 말할 수 없을 정도다. 정밀한 기계처럼 두뇌회전이 좋지만 지나치게 작은 것에 매달리는 습성이 강하다는 게 문제가 되는 경우도 있다. 가령 어떤 문제가 발생했을 때 훌훌 털어버리지 못하고 전전긍긍하기도 한다.

특히 금음과체질은 자신의 삶을 설계도면처럼 특정한 테두리 안에 넣어두고 사는 경우가 많다. 그러한 점은 스스로 깨닫기가 어려우므로 부모가 주위에서 잘 이끌어주는 것이 필요하다. 스스로 많은 고민을 통해 '여유란 무엇인가?'를 많이 생각해보도록 지도해주는 것이 절대적으로 필요하다. 다행히 모든 금음과체질이 그런 것은 아니다.

자존심을 살려주면서 정교함과 추진력을 응원해주자

의지가 굳고 추진력이 강하다

보석은 수많은 풍파를 겪으며 만들어졌으므로, 경험에 의해 노련해진 것만큼 영악하고 약삭빠른 면을 보이는 경우도 있다. 안 그런 척하면서도 너무 영악해서 얄미워 보일 수 있다. 하지만 여러 공정을 거쳐 단련된 보석이므로 대단히 단단하다. 힘들게 단련된 만큼 의지가 굳고 한번 고집을 부리면 꺾기가 어렵다. 정해진 목표에 대한 추진력은 타의 추종을 불허할 정도이다. 이런 점은 장점으로 살려나가야 한다.

금음불급체질 :
대범함을 키워주고
스트레스 다스리는 법을
코칭해주자

금음불급체질은 보석은 보석이지만 눈에 띄지 않을 정도로 작은 보석이다. 아무도 거들떠보지 않거나 관심을 받지 못하면, 자신의 가치와 존재 의미를 발현하지 못해 주눅이 들고 오기만 생기는 것이다. 자신의 역량을 키우고 장점을 모으는 것이 최선이라 하겠다. 책을 가까이 하고 학습에 정진하며 차츰차츰 앞으로 나아가다 보면, 어느 날 화려하게 빛을 발하는 아름다운 보석이 되어 있을 것이다. 기본체질의 특징을 반드시 숙지한 후 불급체질의 성향이 지나칠 경우에 일어나는 문제를 추가적으로 알아두도록 한다.

예민한 체질이므로 신경성 질환을 유의하자

화려함을 뽐내는 보석의 성향을 닮아 내면은 자존심으로 똘똘 뭉쳐 있다. 자존심이 아집으로 변하지 않게 다잡아주고, 주위 사람들에게 자만으로 비쳐지지 않도록 항상 경계시켜야 한다. 특히 금음불급체질의 경우 신경이 예민한 체질이라서 신경성 질환에 주의해야 한다.

평소에는 대체로 남들과 잘 지내는 편이지만 자신의 의견을 무시하거나 자신에게 실수를 반복하는 사람에게는 매몰차게 행동하는 경향이 있다. 심하면 관계를 단절하고 결코 돌아보지 않는다. 금음불급체질의 경우 마음이 여리고 속이 단단하지 못하니 과격한 면으로 표출되지는 않지만, 정신적으로 느끼는 스트레스는 다르지 않을 것이다. 스스로 마음을 잘 다스리고 유연하게 사고하는 방법을 훈련시켜야 하겠다.

강고무비의 의지와 꼼꼼함을 강점으로 키우자

기본 금음체질과 마찬가지로 이 체질은 노련함과 강고무비의 의지를 가졌다. 한번 정한 목표에 대한 추진력과 고집은 누구도 따라갈 수 없으므로 이러한 장점은 유지·발전시켜야 할 것이다. 단, 자칫하면 영악하고 약삭빠른 사람처럼 보일 수 있다는 것을 간과해선 안 되겠다.

꼼꼼함이 지나치면 집착이 될 수 있다. 정밀한 기계처럼 머리회전이 빠르지만, 그것이 도를 넘으면 문제를 훌훌 털어버리지 못해 스트레스가 될 수 있다. 대범함을 키워주되 꼼꼼하고 정교한 성격을 잃어버리지 않도록 애써야 할 것이다.

금음복합목체질 :
욕심을 경계하고
요행을 바라지 않도록
가르치자

금음체질과 복합목체질의 조합으로, 가위 하나로 큰 숲을 다듬어야 하는 형상이다. 가위가 고작 하나뿐이니 숲의 나무를 모두 내 것으로 만들 수는 없다. 나무는 재물을 뜻하기 때문에 제 몫이 아닌 재물을 제 것인 양 착각하는 경우가 많고, 오히려 자신의 소임인 학업에는 소홀하다. 과정에는 충실하지 않고 결과에만 집착하는 경우도 있다. 가령 교재의 첫 장도 펴보지 않고 마지막 페이지를 덮는 상상을 하는가 하면, 시험을 보기도 전에 결과에 대한 만족감에 젖어 있는 경우도 있다. 그러나 이런 체질에게 토의 기운이 더해지면 상황이 바뀐다. 자신의 노력 때문이든, 운이 따라서든 원하는 바를 모두 얻을 수 있다.

자녀가 금음복합목체질이라면 아이가 스스로 욕심을 경계할 수 있도록, 그리고 침착하게 자신의 일을 수행해나갈 수 있도록 이끌어줘야 한다. 결과는 노력하는 만큼 돌아오는 것이라는 사실을 주지시키고, 요행을 바라는 일이 없도록 단속해야 하겠다.

한편 금음체질의 아이는 원래 야무지고 계획을 철저하게 지키는 습성을 가졌다. 그러나 복합목체질의 기질로 인해 이런 장점이 희석될 수 있다. 이 점에 대해서는 부모가 계속 관심을 가지고 지켜봐야 하며, 좋은 친구를 만나면 회복될 수 있으니 교우관계에 신경을 써주어야 한다.

반대로 욕심이 앞서 즉흥적으로 계획을 세우고 부모의 가르침을 등한시한다면 만족스러운 결과를 얻지는 못할 것이다. 순리에 따라 행동하면 기대 이상의 성과를 얻을 것이며, 또한 그것이 인생을 지혜롭게 살아가는 방법이라는 것을 아이에게 알려줘야 하겠다.

금음복합화체질 :
여유를 갖고
유연함을 키우자

    금음체질과 복합화체질의 조합으로, 이미 보석인 자신이 또다시 불구덩이 속에 들어갈 판국이다. 여간 괴로운 상황이 아닐 수 없다. 오행의 순환구조상 금음복합화체질을 이 위기에서 구출해줄 수 있는 해결책은 토의 기운이다. 토의 기운은 불을 가두어 필요할 때 꺼내어 쓰게 해 화의 기운을 잘 다스릴 수 있도록 만들어준다. 화라는 적을 도리어 내 편으로 만들어주니, 나의 힘이 강해지도록 도와주는 격이다. 그러므로 이 체질의 아이는 토의 기운을 얻는 것이 절실하다.

    토의 기운은 우선 열심히 공부하는 것과 무슨 일이든 꼼꼼히 따져보고 숙고해서 실수를 줄이는 것이다. 부모를 공경하고 부모의 의견에 따르는 것 역시 토의 기운을 북돋워준다. 마지막으로 토는 중심을 잡아주는 기운이므로 여기저기 휩쓸려다니면 토의 기운을 소진시키는 것과 같다.

    다른 방법으로는 거센 불의 기운을 줄이거나 끄는 것도 있다. 물의 기운을 이용하는 것인데, 숯불에 고기를 굽다가 너무 뜨거우면 물을 약간 뿌려 화력을 줄이는 것과 비슷하다. 항상 밝은 미소로 사람을 대하고, 대답을 할 때는 무뚝뚝하게 단답형으로 하는 것이 아니라 공손하고 정겨운 목소리로 하는 것이 생활 속에서 수의 기운을 강하게 하는 것이다.

결론적으로 이 체질에게는 흙의 기운이나 물의 기운이 필요하다. 그런 기운을 모으기 위해 노력하지 않는다면 평범함을 벗어나기 어렵다.

기본체질이 원리원칙을 강조하는 성향이라서 간혹 성질이 급한 면이 있고 융통성이 부족할 수도 있다. 그런 단점을 보완하기 위해서 노력해야 하며, 흙과 물의 기운이 잘 어우러지면 상당히 높은 자리에 오를 수 있고, 여러 종류의 단체를 맡아서 꾸려나갈 수도 있다.

금음복합토체질 :
활동적인 일이
좋은 기운을 상승시킨다

    금음체질과 복합토체질의 조합으로, 드넓은 땅에 작은 보석이 묻혀 있는 격이다. 이 체질을 가진 아이는 잡다하게 아는 것은 많으나 전문적으로 내세울 만한 것이 없다는 게 문제다. 또한 그나마 알고 있는 내용도 표현력이 부족하여 제대로 활용하지 못하니 스스로 쉽게 포기해버리는 경우가 많다. 대체로 노력에 비해 결과가 따라주지 않는 체질이라고 하겠다.

    이러한 성향은 정서적으로도 좋지 않은 영향을 끼친다. 신경이 극도로 예민한 데다 자존심도 너무 강하고 짜증만 많이 내니 주위에서 지켜보는 이들의 마음도 편할 리 없다. 그렇다고 그대로 방치해둘 수는 없을 것이다.

    금음복합토체질에게는 여행을 권하고 싶다. 이들에게 '활동적인 일'은 무엇이든 좋은 기운을 상승시키기 때문이다. 이 체질의 아이는 한 자리에 앉아서 오랜 시간 공부하는 것 자체가 비능률적이다. 따라서 여러 곳을 돌아다니다 보면 어지럽던 머릿속이 말끔히 정리되고 자신에게 진정으로 필요한 것들을 채울 수 있다. 부족한 표현력을 보강한다면 금상첨화라 하겠다. 부모는 곁에서 아이에게 운동, 여행 등 움직임이 많은 활동들을 권장하고 다정한 대화법을 가르쳐주는 것이 좋다.

이것은 모두 물의 기운을 기르는 활동이기도 하다. 물은 지혜와 겸손함에 비유된다. 물은 자신을 낮추고 아래로 흐르는 성질이 있고 돌이 막으면 둘러서 돌아가기 때문이다. 금음복합토체질은 그러한 점을 배워야 할 것이다.

금음복합수체질 :
머리가 좋으므로
공부만 열심히 하면 된다

금음체질과 복합수체질의 조합이다. 금음체질은 무조건 물을 좋아하는 경향이 있는데, 이 체질의 경우는 잠겨 있는 보석을 찾을 수도 없을 정도로 물이 많다. 물길을 새로이 내서 물을 빼내는 것이 좋겠다. 그러려면 토의 기운이 필요하다. 얕은 물속에서 태양빛을 받아 반짝이는 다이아몬드를 상상해보자. 얼마나 아름답게 빛나 보이겠는가? 흙으로 적당히 둑을 쌓아서 물을 가두어주면, 자신을 드러내고 빛낼 수 있으므로 토의 기운을 길러 주어야 한다.

토는 중심을 잡는 능력을 말한다. 그리고 많이 배우는 것 자체가 토의 기운을 만드는 것이다. 금음복합수체질을 가진 아이가 시키지 않아도 열심히 공부한다면, 어려서부터 이미 자신의 앞길을 탄탄하게 만들어가고 있는 것이다. 무엇이든 심사숙고하고 부모를 공경하며 부모의 의견을 잘 따르는 아이라면 토의 기운이 아주 많은 아이이므로 항상 좋은 결과가 기다리고 있을 것이다.

　이 체질의 아이들은 배운 것을 잘 표현하는 재주를 타고났다. 한마디로 머리가 좋다는 것이다. 일단 머리에 입력하기만 하면 활용하는 데는 천재적이으므로 열심히 공부하는 것 외에는 별로 고민할 것이 없다.

　결론적으로, 깊이 생각하고 공부를 열심히 하는 것, 부모의 의견에 잘 따르는 것은 이 체질을 가진 아이에게 최선이다. 타고난 표현력을 활용한다면 가벼운 마음으로 배움에 정진할 수 있을 것이다. 반대로 자신의 재주만 믿고 노력하지 않는다면, 남들과의 분쟁에 자주 휘말릴 것이고 '믿을 수 없는 사람'으로 기억될 것이며 허풍쟁이 인생이 될 것이다.

수양체질의
아이

원대한 포부를
구체화시키는 과정을
함께 연습하자

水陽體質

수양체질의 성품 :
바다처럼 포부가 크고
포용력도 크다

수양체질은 바다, 큰 호수 등의 특성을 가지고 있다. 바다처럼 마음이 넓고 속이 깊은 수양체질은 친구의 의견에 귀 기울이고 남들의 충고도 잘 수용하기 때문에 의견충돌이 적은 편이다. 상대방의 의견에 반기를 드는 경우가 별로 없다 보니 주관이 없는 아이로 보이거나, 간혹 거절을 못 해서 혼자 속을 끓이는 경우도 발생한다. 게다가 이성의 접근도 거르지 않고 다 받아들이는 특성이 있어서 의도하지 않게 불순한 교제로 발전할 수 있으니 미연에 주의시켜야 한다. 아이와 충분히 대화하고, 아이의 솔직한 생각을 직접 들어보는 노력이 있어야 하겠다.

또한 이 체질을 가진 아이들은 어렸을 때부터 원대한 꿈과 희망을 지닌다. 이러한 포부가 크면서 무너지지 않도록 꿈을 구체화시키는 연습을 함께 해나가도록 하는 것이 좋다.

바다는 양면성을 가지고 있어서 늘 고요하기만 한 것은 아니다. 한없이 너그럽다가도 한번 화가 났다 하면 태풍이 몰아치듯 매서우니 말이다. 한 순간 모든 것을 쓸어 가버릴 기세로 화를 내니 이 점을 잘 가다듬어줘야 하겠다. 화내는 일이 잦아지면 아이의 장점이 사라지고 괴팍함이 고착될 수 있으니, 현명하게 화를 표현할 수 있는 방법을 알려주는 것이 중요하다.

몰입하는 방면에 특출한 소질이 있다

사색적인 성향을 지녔고 생각이 깊어 신중하게 결정하는 편이다. 따라서 덤벙대는 일은 적은 편이다. 이러한 체질적 성향은 대체로 장점으로 작용하지만, 지나치면 가난한 농부가 씻나락만 주무르듯 결단력이 없어 일을 그르칠 수 있다. 생각의 깊이를 조절하여 이런 경우를 미리 방지하고 엉큼해지거나 매정해지지 않도록 다스려주어야 할 것이다. 먼저 생각할 것과 나중에 생각할 것을 구별하는 요령을 가르치는 것도 방법이다.

물의 속성 중 하나가 바로 어디든 파고든다는 것이다. 나무를 태워낸 재를 모래 위에 뿌려둔다고 해도 저절로 땅속에 스며들지는 않는다. 그러나 물은 다르다. 스며드는 데는 1등이며 증발하여 대기 중을 떠돌기도 한다. 이러한 성향을 지닌 수양체질은 어디든 파고드는 데는 최고이고, 몰입해 들어가는 모든 방면에 특출한 소질이 있다. 머리가 총명하고 기억력이 좋다면 아직 장점을 잘 간직하고 있다는 의미이므로 잘 계발시켜주어야 하겠다.

물은 그릇의 모양대로 담기고 늘 수평을 유지한다

물의 모양을 칭하자면 무형無形이다. 아니, 정확히 말하자면 '그릇의 모양'이 곧 '물의 모양'이라고 하는 것이 맞겠다. 어디든 담길 수 있는 것이 물이니, 담기는 그릇의 모양이 바로 물의 모양 아니겠는가. 이는 수양체질이 어떤 환경에서도 잘 적응한다는 것을 의미한다. 그만큼 생각도 유연하고 여유로우니, 혹시나 낯선 곳에서 적응하지 못할까 하는 걱정은 덮어두어도 된다.

주위의 하천으로부터 흘러들어 오는 물은 호수를 이루고, 다시 호수의 물이 또 다른 강으로 흐른다. 이때 호수는 항상 수평을 유지한다. 수양체질은 호수의 성질을 닮아서 사람을 대할 때 형평성을 잃지 않는다. 일에 있어서도 공정함을 중시한다. 이러한 성품은 올바른 됨됨이를 가진 인재로 성장하는데 크게 기여할 요소이므로 소중히 지켜줘야 하겠다.

수양체질의 코칭팁 :
포용력이 지나쳐 주관이
약해지지 않도록 주의하자

수양체질은 생각이 깊은 만큼 신중하게 고민한 뒤에 결정하기 때문에 덤벙대는 일은 별로 없다. 하지만 신중함이 지나치면 답답하고 우유부단해질 수도 있고, 생각을 너무 많이 하다 보면 성격이 부정적으로 변하거나 지나치게 냉정해질 수도 있다. 그러므로 수양체질의 아이에게는 먼저 생각할 것과 나중에 생각할 것을 구별하는 요령을 가르칠 필요가 있다. 이 체질은 사색을 즐기는 편이라서 골똘히 생각할 때 좋은 아이디어를 얻기도 한다. 코칭팁을 정리하면 다음과 같다.

- 속이 깊고 넓으며 대체로 관대하다. 대부분 거부하지 않고 수용한다.
- 바다처럼 꿈과 희망이 크다.
- 수평감각이 좋아 매사에 균형을 잘 맞춰나간다.
- 부모라도 속을 알기 쉽지 않고, 간혹 엉큼한 면이 있기도 하다.

- 모든 일에 생각이 많아 신중하게 대처한다.
- 집중력과 기억력이 좋고 지혜롭다.
- 어려운 환경에도 잘 적응한다.
- 무슨 일이든 혼자 하기보다는 모여서 함께하는 것을 좋아하고, 실제로 그렇게 하는 것이 더 좋은 결과를 가져온다.
- 화가 폭발하면 주위 사람들이 감당할 수 없을 정도다.

수양체질은 넓은 바다처럼 속이 넓고 깊으며, 원대한 꿈과 희망을 품곤 한다. 이런 면 때문에 사색적인 아이들이 많은데, 실제로 생각이 깊어 친구들의 의견을 잘 수용하고 남들과 충돌을 일으키지 않는 편이다. 이런 바람직한 성품을 잘 유지하도록 격려해주면 아이의 장래에 큰 도움이 될 것이다. 그러나 장점이 지나치면 단점이 되듯이, 주관이 없고 심약한 성격이 되지 않도록 관심을 가지고 지켜봐야 한다.

무언가에 몰입하는 기질이 다분하며 기억력도 좋은 편이다. 어떤 환경에든 잘 적응하고, 문제에 직면했을 때 유연하게 대처하는 대범한 심성을 가지고 있다. 이런 점을 잘 키워주면 장차 사회생활을 할 때도 무리가 없을 것이다.

사람들을 대할 때나 일을 할 때 치우침 없이 공평하고 공명정대한 면을 보이는 속성을 가지고 있다. 대체로 마음이 넓어 매사에 너그럽게 대처하지만 한번 화가 나면 주변 사람들을 깜짝 놀라게 할 만큼 격분하기도 한다. 화를 낼 때마다 장점이 하나씩 줄어든다는 점을 주지시키고 마음을 가라앉히는 방법을 알려주어야 한다.

수양체질은 공부, 일, 취미생활까지도 혼자 하기보다는 여럿이 모여서 함께하는 것을 좋아한다. 이것은 실개천이 모여서 강물이 되고 강물이 모여서 바다가 되듯 큰물의 성향을 지녔기 때문이다. 따라서 사회생활에서 수양체질과 관계를 맺을 때는 모임을 통해서 얼굴을 익히는 것이 우선이라 하겠다.

관대한 성격으로 다른 사람의 의견을 잘 수용하지만, 그 수용이 무조건적인 동조를 뜻하는 것은 아니므로 수양체질과 의견을 조율할 때는 신중하게 진의를 파악해야 한다. 활달하고 적극적인 데다, 일처리를 할 때도 스스로 알아서 해결하는 주체적인 스타일이다. 그러므로 공부든 일이든 지나치게 간섭하는 것은 오히려 역효과를 낼 수 있음을 명심하자.

건강을 보호해주거나 치료에 이로운 색 : 파란색, 초록색
기운을 북돋워주거나 공부에 이로운 색 : 흰색
건강을 위해서 피하는 것이 좋은 색 : 황색, 갈색
공부할 때 이로운 방향 : 서쪽

수양체질의 진로와 적성 :
최고의 사업가가 될 자질을 타고났다

수양체질의 인물로는 빌 게이츠, 미국의 석유왕 록펠러, 김수환 추기경, 성철 스님, 파블로 피카소, 워렌 버핏 등이 있다. 수양체질은 넓은 바다처럼 속이 넓고 깊으며, 원대한 꿈과 희망을 품는다. 이런 면 때문에 사색적이면서 남들의 의견을 잘 수용하고 의견충돌을 일으키지 않는 편이다. 이런 바람직한 성품으로 전 세계의 귀감이 되고 있는 빌 게이츠는 수양체질의 깊은 속내는 그 끝이 어디까지인가를 보여주는 모범 답안이 될 것이다.

록펠러는 수양체질이 가진 양면성을 잘 보여준다. 마음이 넓어 여름이 막 지나간 바다같이 한없이 너그럽다가도 화가 났다 하면 한여름 태풍이 몰아치듯 매서우니 말이다. 자신이 하는 일에 대한 균형 감각이 흐트러지지 않도록 노력해야 자신의 진심이 전해지는 것이다. 이런 면에서는 록펠러에게 아쉬움이 남는다. '바다가 늘 고요하다면 바다가 아니다'라는 구절이 어울리는 인물이다.

김수환 추기경은 웃음과 유머를 잃지 않는 한편 가톨릭 신자들과 국민을 위해 눈물을 흘리는 따뜻하고 인간적인 모습의 지도자였다. 바다만큼 넓고 깊은 마음으로 모든 의견에 귀 기울이고 수용한다는 점에서 수양체질의 특성을 잘 드러냈다.

1956년, 단돈 100달러로 주식투자를 시작한 워렌 버핏은 현재 최고의 투자왕이 되었다. 수양체질은 신중하게 생각하고 난 뒤에 결정하기 때문에 덤벙대는 일은 별로 없으며 사색을 즐기는 편이라서 골똘히 생각하면서 좋은 아이디어를 얻기도 한다.

환경에 잘 적응하는 편이고 문제가 닥쳤을 때 유연하게 대처할 수 있는 심성을 가지고 있으며, 무언가에 몰입하는 기질이 다분하고 기억력도 좋은 편이다. 이런 모든 점을 갖추고 있는 워렌 버핏은 분명 '물이 깊은 만큼 그 속에 품은 뜻도 크다'는 수양체질의 장점들을 잘 보여주고 있다.

직장생활보다는 사업가로서 성공할 가능성이 훨씬 높다. 대인관계가 좋고 다방면에서 수완이 뛰어나 다른 어떤 체질보다 사업가가 될 자질을 많이 타고났다. 사업에 관한 한 수양체질은 지혜롭기도 하지만 성격적으로도 모든 사람을 공정하게 대하려는 마음이 강하기 때문에 많은 사람을 상대하는 사업일수록 유리한 면이 있다. 법관이나 행정 관직에 입문한다면 능력을 인정받을 수 있는데, 그 경우에는 토양체질의 협조를 받을 때 더욱 유리해진다.

스케일이 큰 편이므로 소소한 사업은 적성에 맞지 않고 비교적 규모가 큰 사업을 하는 편이 좋다. 그러나 금전적인 면에서 잘 벌 때는 큰돈이 들어오기도 하지만 상황이 여의치 않을 때는 단번에 파산할 수도 있으니 항상 안전장치를 마련해두는 것이 필요하다.

모든 사업에서 재능을 발휘할 수 있지만 굳이 구체적인 분야를 짚어보자면 유통업이나 호텔, 여행 관련 사업 등 사람의 흐름이 물 흐르듯 유동적인 쪽이 낫다.

　적성 분야 – 법학과, 의학 계열, 교육 계열, 경상 계열, 산부인과, 비뇨기과, 임상병리학과, 식품영양학과, 해군, 해양 관련 학과 등.

수양과체질 :
신중함도 지나치면
병이 된다

수양체질은 바다, 큰 호수 등의 특성을 가지고 있다. 모든 것을 수용하려는 성격 때문에 친구들과 의견이 충돌하는 일은 적지만, 무엇이든 다 받아들이고 거부를 못하는 성향 탓에 '주관이 없는 아이'로 비춰지거나 혼자 너무 많은 고민을 떠맡게 되는 경우도 있다. 때문에 종종 속병을 앓을 수도 있으니 주의해야 한다.

이성관계에 있어서도 그러한 성향 때문에 자칫 불순한 교제로 발전할 수 있다. 과체질의 경우, 넓은 바다가 더 넓어지니 얼핏 좋을 것 같지만 오히려 망망대해의 끝을 알 수 없어 답답한 형국이다. 속을 알 수 없고 거기다 자신의 허물을 잘 감추는 성향까지 드러나 마냥 좋다고 할 수만은 없다.

열린 마음이 필요하므로 수양과체질의 아이와는 틈틈이 대화를 나눠보는 것이 좋겠다. 반드시 기본체질을 먼저 읽어보고 비교하면서 이해하기 바란다.

지나친 생각이 아집으로 발전하지 않도록 신경 쓰자

머릿속이 복잡한 사람들이 바다를 보며 생각을 정리하듯이 바다와 사색은 떼려야 뗄 수 없는 관계다. 또한 도통 속을 알 수 없는 사람들을 바다에 비유하기도 한다.

수양체질 역시 바다와 같아서 생각이 깊고 사색적이다. 신중하게 생각하고 결정하기 때문에 덤벙대는 일은 별로 없지만, 자칫 너무 지나치면 고민만 하다가 결정하지 못해 기회를 놓치는 일이 발생하기도 한다.

수양과체질은 물속에 빠져서 허우적대는 모습을 보일 수도 있다. 지나친 생각이 아집으로 발전해 자기 생각에서 빠져나오지 못하고 허우적대는 형세가 되는 것이다. 이런 자녀가 있다면 오히려 머리를 비우고 몸을 움직여 고민을 해결할 수 있도록 돕는 것이 좋다. 신중함도 지나치면 병이 된다는 것을 명심해야 할 것이다.

겨울에 태어났다면 정체되지 않도록 주의하자

나무, 바위와 다르게 물은 들어가지 못하는 공간이 없다. 손톱만 한 틈만 생겨도 그 틈을 비집고 들어갈 수 있으니 말이다. 이는 깊이 몰입하는 수양체질의 성향과도 이어진다. 따라서 수양체질을 가진 사람은 연구 방면에 소질이 있다고 볼 수 있다. 기본체질이든 과체질이든 모두 그렇다.

그런데 수양과체질 중에서도 특히 겨울에 태어났다면 문제가 될 수 있다. 물이 얼어버린 것과 같기 때문에 정체되어 있고, 자신이 가진 가치를 다 발휘하지 못하니 지혜를 기대하기도 어렵겠다. 다른 체질의 도움을 받거나 스스로 총명함을 발휘해 상황을 돌파해야 할 것이다.

마음이 넓고 너그러운 면을 가지고 있으나 화가 나면 무섭다. 불이 난 자리는 재라도 남아 있지만, 수마가 휩쓸고 간 자리는 아무것도 남는 게 없듯이 수양과체질은 화가 나면 모든 것을 쓸어 가버릴 것처럼 격렬하게 화를 표현한다. 화를 내는 일이 잦다면 마음을 차분히 가라앉힐 수 있도록 신경을 써줘야 한다.

또한 물속은 들어가 봐야 알 수 있듯이 남에게 속내를 드러내지 않는 면도 있다. 그래서 엉큼하다는 소리를 듣기도 한다. 특히 수양과체질은 주위가 온통 물바다이므로 속을 더더욱 알 수 없을뿐더러, 가끔씩은 감당이 안 될 정도로 화를 내기도 한다. 이런 경우라면 스스로 마음을 가라앉힐 수 있도록 부모와 자녀가 함께 명상이나 호흡법을 익히도록 하는 것이 좋겠다.

물은 어디서든 항상 수평을 유지하고 있으므로 치우침 없이 공평하게 사람을 대하는 속성을 가지고 있다. 그러나 과체질은 물의 균형이 깨진 상태라서 공정함이 조금 줄어든 상태라고 볼 수 있다. 자신이 좋아하는 쪽으로 밀어주는 경향을 보일 때도 있다.

수양불급체질 :
공부를 통해
부족한 물을 채우자

수양불급체질은 호수인 줄 알았는데 물웅덩이에 지나지 않아 호수라고 부르기가 무안할 정도다. 물이 별로 없으니 호수가 제 역할을 할 수 없는 것은 당연하다. 어디서 물을 길어 와서 부어주거나, 비라도 흠뻑 내려주면 가두고 있는 물의 양이 많아져서 진짜 호수처럼 보일 수 있으므로 물을 찾는 데 혈안이 될 수밖에 없다. 바위와 돌 틈에서 물이 솟아오르므로 여기저기 모든 곳을 뒤져본다.

이런 체질은 마음의 여유를 갖는 것이 물을 채우는 방법이기도 하다. 또한 책을 가까이하고 열심히 공부하는 것도 마찬가지로 호수에 물의 양을 늘리는 일이 된다. 자신의 부족한 점 때문에 조바심 내지 않고 마음의 여유를 가질 수 있도록 독려해야 할 것이다.

작은 호수에 비유되는 수양불급체질은 비록 기본체질의 성향보다 약하지만 어느 정도의 포용력과 관대함을 가진다. 자칫 주관이 없는 아이로 오해

받거나 혼자 전전긍긍하는 경우도 생길 수 있으니 늘 살펴보는 것이 중요하다. 물론 기본체질과 마찬가지로 이성관계에 있어서도 부모가 관심을 가져주면 자신이 어떻게 처신을 해야 하는지 조언을 구하고 기꺼이 조언에 수긍할 것이다.

고민이 너무 깊어 마음의 여유가 없다

사색적이며 신중하기 때문에 덤벙대는 일은 적다. 이것은 대체로 장점이 되지만 지나치면 고민만 하다가 결정하지 못하는 우를 범하기도 한다. 수양불급체질의 경우 그 성향이 약하게 드러나니 큰 걱정은 없겠지만 만일을 대비해 경계를 늦춰서는 안 될 것이다. 생각을 함에 있어서 선후를 따지는 요령과 함께 마음의 여유를 가지는 법을 가르쳐야 하겠다.

수양불급체질이라고 해도 기본적인 물의 성향은 그대로 가지고 있다. 물이 흙 속을 파고들듯이 몰입하는 능력은 아주 큰 장점이다. 머리가 총명하고 기억력이 좋으니 이와 같은 기본체질의 성향을 바탕으로 연구 방면에서 특히 두각을 드러낼 수 있다.

수양불급체질이라면 화를 내더라도 투정을 부리는 정도에서 끝날 뿐이고 천지사방을 뒤흔들 정도의 사나움은 보이지 않는다. 하지만 짜증 내는 일이 잦아질 수 있으니 마음을 가라앉힐 수 있는 훈련을 함께 해보는 것이 좋겠다.

유연성과 자신감을 키워주자

기본체질과 달리, 불급체질은 유연성이 부족하거나 환경변화에 잘 적응하지 못할 수도 있다. 하지만 기본적으로 수양체질이 가진 장점들을 조금씩은 가졌으므로 그런 점을 더욱 발전시키면 적응력도 충분히 키울 수 있다. 아이에게 능동적으로 대처할 수 있는 마음의 여유를 심어준다면 큰 도움이 될 것이다.

수양체질은 기본적으로 공평하고 공정하다. 하지만 수양불급체질은 물이 부족한 형상이라 여유가 없고 상황대처 능력이 부족한 경우가 많다. 능력이 없어서라기보다는 마음이 안정되지 못해서 그런 것이므로 자신감을 회복시켜주는 것이 우선이다.

수양복합목체질 :
머리에 들어온 것을
헛되이 써먹는 일은 없다

수양체질과 복합목체질의 조합으로, 큰 호수가 아닌 작은 호수 주위를 나무가 모두 점령해 버려서 사람이 접근하기 힘들고 막상 호수를 보니 너무 초라한 형국이다.

금의 기운이 있다면 나무를 적당히 잘라내고 정리해서 완전히 다른 모습으로 만들 수 있다. 또한 금의 기운은 호수에 물을 공급하는 조약돌 사이의 수로를 의미하기도 하는데, 금의 기운으로 나무가 정리되고 호수에 물도 가득 찬다면 얼마나 좋은 쉼터가 되겠는가? 이것은 모두 금이 있어야 가능한 일이므로 반드시 금의 기운을 길러야 한다.

처음에는 부모의 의견이 마뜩지 않더라도 믿고 따른다면 결국은 놀라울 정도로 좋은 결과를 가져다줄 것이다. 또한 열심히 공부하다 보면 생각하지도 못한 좋은 일이 함께 생긴다. 허망한 것이 아니라 현명함을 기르는 생각, 항상 정직하고 정의로운 생각을 하는 것이 금의 기운을 끌어들이는 것이다.

목의 기운은 추진력과 사업가적 기질로 나타날 수 있는데, 이것도 지나치면 편향되어 올바르지 않게 사용될 수 있다. 이런 점 역시 금의 기운으로 조절해주어야 한다.

결론적으로, 수양복합목체질은 머리에 들어온 것을 헛되이 써먹는 일이 없다. 탁월한 표현력을 타고났으므로 배우기만 하면 모든 것이 이루어진다. 반대로 금의 기운을 만드는 일을 게을리하면 기본 지식은 없고 표현력만 하늘을 찔러 허풍쟁이가 될 수 있고, 자칫 주위 사람들에게 우스운 사람으로 보일 수 있음을 명심하자.

수양복합화체질 :

침착하고 지혜로운
수양체질 본연의 장점을
개발하자

수양체질과 복합화체질의 조합으로, 불덩이 같은 태양이 호수를 지속적으로 비추는 상태다. 호수가 덥다고 난리를 치는 상태로, 시원하게 물속으로 뛰어들고 싶은 생각이 절로 든다. 화의 성질이 강하기 때문에 수양체질의 차분한 기질이 화의 급한 기질에 휘둘려 발휘되지 못하고 있다. 하지만 기본적으로 침착하고 지혜로우며 자신을 겸손하게 낮추는 수의 기운을 가지고 있으므로 본연의 장점을 잘 발현시키면 걱정할 것이 없다.

오행의 구조로는 공부에 관심이 별로 없는 것으로 보이는데, 이는 부모가 적극적으로 나서서 극복해야 할 문제다. 이 체질을 가진 아이에게는 부모의 역할이 절대적이어서 관심을 많이 가지면 가질수록 아이의 결과가 좋아진다는 점을 기억해야 할 것이다. 만약 이 체질의 아이가 공부를 잘한다면 오행의 순환구조가 상당히 안정된 상태이므로 복이 많은 아이라고 볼 수 있고, 미래에 재력과 명예를 모두 다 가질 것이다.

수양복합화체질의 경우, 결과에 대한 조급증을 버려야 한다. 결과를 먼저 생각하지 말고, 결과는 주는 대로 받겠다는 생각을 가지는 게 유리하다. 결과는 나중이고 계획을 실천하는 것이 우선이라는 점에 특히 신경 써야 한다. 결과를 계속 의식하면 될 일도 안 되기 때문이다.

결론적으로 이 체질의 아이는 부모의 조언을 잘 따르면 좋은 습관이 길러질 것이다. 어떤 친구와 잘 어울리는지 파악하고 좋은 친구들과 함께 공부하도록 해준다면 성적도 분명히 오를 것이다.

반대로 지금은 노력도 하지 않으면서 미래에 대해 허황된 꿈만 많이 꾼다면 문제가 커진다. 말만 많아서 나중에 이렇게 저렇게 하겠다고 허세를 부린다면 이 아이는 말을 통해 좋은 기운을 내보내는 것과 같다. 결과에 대한 집착을 버리지 않는다면 이루는 점도 없다는 것을 명심하자. 수양체질이 가진 겸손함과 신중함을 일깨워준다면 저절로 일이 풀릴 것이다. 부모의 관심이 절대적으로 중요하다.

수양복합토체질 :
자기중심적인 태도를 버리고
무슨 일이든 심사숙고하자

    수양체질과 복합토체질의 조합으로, 큰 저수지에 물이 말라 적절한 수위를 유지하지 못하고 바닥이 드러날 정도로 물이 빠져 버린 상태다. 물이 들어오는 입구를 잘 확보해야 호수에 가득 찰 텐데, 그 역할을 하는 것이 금의 기운이다.

    토의 성질이 강하게 나타나면 모든 것을 자기중심적으로 생각하게 되고, 이에 따른 원칙을 적용하니 친구들이 꺼려할 수도 있다.

    이런 아이는 옳고 그름을 따지는 성향이 많아 부모에게도 입바른 소리를 하곤 한다. 그래도 어디 가서 나쁜 짓을 하고 다닐 아이는 아니다. 또한 부모가 아이의 공부에 관심을 많이 가질수록 성적이 좋아지는 경우가 많으므로 늘 함께 상의하는 것이 좋다. 아이도 부모의 의견을 잘 따를 것이다.

    수양복합토체질에게 필요한 금의 기운을 만드는 방법은, 집중력을 발휘해서 공부를 열심히 하는 것, 부모와 좋은 관계를 유지하고 대화를 자주 나누는 것, 신중하게 생각하고 꼼꼼히 따져보는 것, 책 읽는 습관을 갖는 것, 예절 바르게 행동하기, 인사 잘하기, 항상 웃는 얼굴로 대하기 등을 꼽을 수 있다. 정의와 정직함을 소중히 여기는 태도도 마찬가지다.

한편, 이 체질을 가진 아이에게 가장 중요한 것은 건강문제다. 토의 기운이 많아서 본래 수의 기운을 가진 자신이 다치기 쉽다. 또한 물이 흙을 만나 흙탕물이 되듯이 혈액이 탁해지기 쉬운 체질이며, 성인병에 걸릴 확률이 높다는 것도 명심해야 한다.

결론적으로 이 체질은 부모와 늘 상의하고 대화를 많이 하는 것이 단점을 줄이는 방법이다. 부모의 영향은 융통성도 키워주고 좋은 기운을 전달해주는 역할도 하며, 성적도 오르게 해준다.

금의 기운을 잘 보충해주면, 원리원칙을 지키면서도 부드러운 융통성을 발휘해 사회적으로 크게 성공할 수 있다.

수양복합금체질 :
몸을 움직여 활동하는 것이
좋은 기운을 가져다준다

　수양체질과 복합금체질의 조합이다. 호수 주위에 있는 바위들은 거의 다 철 성분이 많이 있는데, 녹이 슨 철이 흘러들어 호수가 온통 녹물로 탁하다. 이 탁수를 어떻게 처리하느냐가 이 체질의 관건이다. 탁한 물은 빨리 순환시켜서 깨끗한 물로 교체해야 하는데, 오행의 순환구조상 목의 기운으로 순환을 시키는 것이 현명한 방법이다.

　탁한 물에서는 아무리 머리를 굴려도 집중이 안 되고, 머리가 맑지 않으므로 잡생각만 자꾸 떠오르게 된다. 실천이 안 되고 표현력도 부족하니 좋은 결과를 얻기 힘든 구조다. 하지만 목의 기운을 잘 이용하면 성공할 수 있다.

　이 체질을 가진 자녀를 바라보는 부모의 마음도 편할 리 없다. 부모의 조언이 잘 통하지 않고 잘못 말했다가는 도리어 언쟁으로 끝나버리므로 부모도 조심스러울 뿐이다. 자꾸만 좋은 결실을 얻지 못하니 아이는 자꾸만 위축되고 스스로 포기해버리고 싶어 한다.

공부를 해야 하지만 머리에 넣는 과정이 힘든 편이므로 시간을 내서 여행을 해보는 것도 좋다. 한자리에 장시간 앉아 있는 것은 능률도 오르지 않고 시간만 낭비하는 것이다. 그렇다고 막상 놀려니 마음이 편치 않아 책상 주위를 맴도는 경우가 많다.

이 체질에게 몸을 움직이고 활동하는 것은 자신이 가진 좋은 기운을 상승시키는 일이다. 여행을 하거나 새로운 경험을 해보면 새로운 것을 보고 느낄 수 있고, 그런 과정에서 자신에게 필요한 무언가를 발견하기도 하며, 운이 좋으면 자신에게 꼭 맞는 일을 찾아내거나 아이디어를 떠올릴 수도 있다. 이런 것도 목의 기운을 모으는 방법이 된다.

결론적으로 목의 기운을 키우기 위해서는 몸을 많이 움직이는 운동을 하는 게 좋고, 밝은 미소와 다정다감한 언행을 가지는 게 필요하다. 힘찬 기상과 확고한 목표의식을 갖고 경쟁심을 기르는 것도 목의 기운을 기르는 방법이다. 목의 특성 중에는 일을 시작하기 전에 철저하게 계획을 세우는 것이 있는데, 이런 점을 연습하는 것도 좋겠다.

수음체질의
아이

활달하게 돌아다니며
넓은 세상을
경험하게 하자

水陰體質

수음체질의 성품 :
아이디어와 재주가 많고
헌신적이다

수음체질은 빗물, 눈물, 실개천, 깨끗한 물 등의 특성을 가지고 있다. 물은 어디에서든 평평하다. 수음체질 역시 항상 수평을 유지하고자 하는 속성을 그대로 타고났다. 사람을 대할 때 한쪽으로 치우침이 없으며 공평하게 대하는 것이 당연하다고 생각한다. 일에 있어서도 마찬가지다. 공정하게 처리하기 위해 만전을 기한다.

실오라기만 한 틈만 있어도 파고들 수 있는 것이 바로 물이다. 그러한 물의 성향을 닮아 연구직처럼 파고 들어가는 방면의 일이 적성에 맞다. 하지만 평생 한 가지만 연구하기보다는 연구의 주제가 자주 바뀔수록 유리하다. 순간적으로 아이디어를 만들어내는 재주가 있고 머리가 총명하며 기억력이 좋다.

하지만 반대로 둔하게 행동하는 경우도 있는데, 물의 양이 너무 적거나 얼어버린 경우, 혹은 모두 증발해버린 경우, 순환할 수 없는 상태의 고인 물 등등, 우리가 사용하기 힘든 상태의 물은 본연의 장점을 발휘하지 못하는 것이다. 이런 경우에는 하나하나 짚어가면서 공부를 시켜야 하며, 아무리 싫어해도 책을 놓지 않도록 한다.

감성이 풍부하고 마음이 여리다

어떤 모양의 그릇이든 채워넣을 구멍만 있으면 어디에도 담기는 것이 물이다. 이는 환경에 대한 뛰어난 적응력을 의미하며 생각도 그만큼 유연하다는 뜻이다. 그런데 물의 양이 너무 적거나 얼어 있다면 아무리 좋은 그릇이 있다 한들 무슨 소용이겠는가? 담을 수 없으니 물이 가진 장점을 발휘하기 어렵다.

남자아이라도 수음체질은 눈물이 많다. 조금이라도 슬픈 것을 보거나 꾸중이라도 들으면 눈물부터 먼저 나온다. 그만큼 마음이 여리다. 또한 이것은 살면서 눈물 흘릴 일이 많을 수 있다는 것을 의미하기도 한다. 감성이 풍부해서 그렇기도 하지만 마음이 약하기 때문인 경우가 많으므로, 강하게 키우는 것이 좋다. 그래야만 눈물 흘릴 일을 미리 막을 수 있다.

활동적이고 적극적인 태도가 필요하다

바위가 길을 막고 섰다고 해서 물이 멈춰 있을 수만은 없는 일이다. 유유히 굽어 흐를 줄도 알아야 가던 길을 계속 갈 수 있을 것이다. 이는 활동적이면서도 적극적이고 요령과 수단이 좋다는 것을 말한다. 때문에 남보다 계산이 빠르고 수리의 개념이 밝다. 이런 점은 굉장히 좋은 장점이므로 잘 발달시킬 수 있도록 교육에 참고하는 것이 좋다.

또한 물은 거꾸로 흐르는 법이 없다. 늘 위에서 아래로 흐른다. 이처럼 수음체질은 윗사람에게 반항하지 않고 아랫사람을 잘 다룬다. 온순하고 순종적인 면이 있다. 그래서 수음체질의 아이는 다른 체질보다 키우기에 수월하다고 볼 수 있다.

아이를 집에만 묶어두는 것은 물을 가두는 것과 같다. 수음체질의 아이는 본래 돌아다니기를 좋아하므로 묶어두고 공부를 시키는 것은 능률을 저하시키는 지름길이라 하겠다. 물론 쓸데없이 돌아다니는 것만 좋아하는 것도 그다지 좋은 모습을 아니겠지만 활동적인 본성을 어느 정도 존중해주는 것이 좋겠다. 공부를 하더라도 모든 과목을 한 학원에서 해결을 하지 말고 여기저기 옮겨가면서 공부를 하도록 분산을 하는 것이 집중력을 높이는 데 좋다.

수음체질의 코칭팁 :

긍정적인 장점을
스스로 찾아내는
지혜를 가졌다

수음체질은 환경을 거부하기보다는 쉽게 적응하고, 성품이 온순하여 윗사람에게 반항하는 일이 별로 없다. 이처럼 체질적으로 대인관계가 원만해서 사회생활도 무리 없이 잘할 수 있다. 물론 교육을 시킬 때도 잘 따르는 편이니 애태울 일도 적을 것이다. 코칭팁을 정리하면 다음과 같다.

- 순발력 있게 아이디어를 내는 데는 최고의 재주가 있다.
- 파고드는 것을 잘해서 막힌 것을 풀어내는 재치가 있고 수리에 밝다.
- 감성이 풍부해서 대체로 눈물이 많다.
- 윗사람에게 순종하는 편이다.
- 일이 풀리지 않고 막힐 때는 여행을 하는 것이 좋다.
- 도움을 받기보다 희생하는 위치에 있는 경우가 많다.
- 요령과 수단이 좋고 활동적이다.

요약하면 총명하고 지혜로우며 순발력이 있다. 재치 있는 아이디어를 만들어내는 재주도 있다. 그러나 수음체질 중에는 이러한 성향과 반대되는 특성을 나타내는 경우도 있다. 즉, 둔하고 고지식한 면이 강하게 드러나는 경우에는 하나하나 지적해 이해시켜주는 노력이 필요하다. 성장기에 꾸준히 지도해주면 자신의 긍정적인 장점들을 스스로 찾아낼 줄 아는 지혜를 깨우칠 것이다.

또한 수음체질은 남자아이든 여자아이든 감성이 풍부하다. 눈물도 많아서 슬픈 상황을 목격하거나 꾸중을 들으면 눈물부터 쏟는다. 그만큼 마음이 여리기 때문이다. 그러나 여린 심성을 없애기 위해 무조건 강하게 키우는 것은 오히려 역효과를 낳을 수 있다. 가혹하게 밀어붙일수록 마음의 상처만 더 커지기 때문이다. 수음체질은 지혜롭기 때문에 다그치지 말고 스스로 강해질 수 있도록 기회를 만들어주는 배려가 더 중요하다.

하지만 순한 아이라고 해서 집에만 있길 좋아한다고 생각한다면 큰 오산이다. 수음체질은 한곳에 머물러 있기보다는 여기저기 돌아다니길 좋아하는 경향이 있다. 집에 묶어놓고 공부만 시키려 하지 말고 다양한 구경거리를 찾아다니며 스스로 배우게 하는 게 좋다.

어떤 상황에서든 공평하고 공정하다. 또한 활동적이고 요령과 수단이 좋은데다 숫자 개념이 밝고 계산이 빠르다는 특징을 보이므로 진로선택에 있어서도 이런 점을 감안한다면 적성에 잘 맞는 진로를 선택할 수 있을 것이다.

수음체질은 흐르는 물의 속성을 가졌기 때문에 활발히 움직이는 것을 좋아한다. 그래서 여기저기 여행하기를 즐긴다. 따라서 다양한 프로그램에 참여하며 계속 호기심을 자극한다면 좋은 관계를 형성할 수 있을 것이다. 더욱이 수음체질은 창의성이 뛰어나고 재치가 있기 때문에 어떤 문제에 대해 논의하면 참신한 아이디어를 얻을 수 있다.

누구와도 조화를 잘 이루기 때문에 조직에서 크게 불화를 일으킬 염려는 없다. 그러나 신경이 예민할 때가 있고 생각만큼 행동이 따르지 않는 경우도 있으므로 계속 독려해줄 필요가 있다. 그러한 관계가 원만하게 이루어지면 타인을 위해 자신을 헌신하는 성향도 자연스럽게 표출될 것이다.

건강을 보호해주거나 치료에 이로운 색 : 파란색, 초록색
기운을 북돋워주거나 공부에 이로운 색 : 흰색
건강을 위해서 피하는 것이 좋은 색 : 황색, 갈색
공부할 때 이로운 방향 : 서쪽

수음체질의 진로와 적성 :
헌신과 박애정신을 실천할 때 진가를 발휘한다

수음체질의 인물로는 테레사 수녀, 영화배우 성룡을 꼽을 수 있다. 누가 깊은 숲에 흐르는 계곡을 가리켜 나약하다 하겠는가. 영겁의 세월을 거닐며 산속의 바윗돌을 다듬은 장본인이 바로 계곡물일 것이다. 테레사 수녀는 아이와 빈곤한 자들을 생각하는 희생과 박애정신의 상징으로, 어디든 파고드는 지혜와 명민함을 가지고 허약함과 평범함을 타파한 전형적인 수음체질이다. 그녀에게는 자신의 가치관을 현실로 옮겨놓을 수 있는 추진력이 있었고 세계 곳곳을 들여다볼 줄 아는 통찰력이 있었으며 자신의 나약함을 두려워하지 않고 나아갈 수 있는 용기가 있었다.

한편 영화배우 성룡은 단역배우와 스턴트맨, 무술 감독 등을 거쳐 결국 주연까지 맡게 된다. 그는 위험한 연기도 대역 없이 직접 소화함은 물론, 특유의 익살스런 표정연기로 관객을 사로잡는 액션배우로 평가받는다.

수음체질은 바위 같은 장애물이 있어도 돌아서 흘러갈 줄 안다. 이는 활동적이면서도 적극적이며 요령과 수단이 좋다는 것을 의미한다. 성룡도 이 체질답게 아이디어를 제안하고 활용하는 능력이 뛰어나다. 수음체질은 흐르는 물의 속성을 지녀 한곳에 묶여 지내는 것보다는 여기저기 여행하기를 즐기며 친화력이 있어서 크게 불화를 일으킬 염려는 없다.

기질적으로는 사업가보다 조직생활이 이로운 편이다. 한자리에 머물러서 하는 일보다는 돌아다니는 일이 적성에도 더 잘 맞고 건강에도 이롭다. 업종으로는 물건, 사람, 금전 등 모든 것이 돌고 도는 유통업이 좋다. 그러나 규모가 커지면 감당하기 어려워질 수 있으니 덩치를 키우기보다는 내실을 다지는 데 힘쓰도록 하자.

수음체질은 수양체질보다 더 세심하고 정교하기 때문에 아이디어를 내고 활용하는 능력이 뛰어나다. 더욱이 장점을 많이 갖고 있는 수음체질이라면 새로운 것을 개발하는 면에서는 타의 추종을 불허할 정도다.

헌신과 봉사를 필요로 하는 직업에서도 장점을 잘 발휘할 수 있다. 나무를 기르는 일도 좋은데, 큰 나무일수록 이롭다. 계산에 밝은 체질이므로 이와 관련된 직업도 좋다.

명심할 것은 주위의 도움을 받기 어려운 점도 있다는 사실이다. 설령 주위에서 도움을 받는다고 해도 만족스러운 정도가 아니거나 갑작스레 도움을 받을 수 없는 일이 발생할 수 있으므로 모든 일을 스스로 알아서 해결해야 한다. 생각지 않은 고난에 늘 대비하는 자세가 필요하다.

적성 분야 – 의학 계열, 교육 계열, 경상 계열, 법학과, 산부인과, 비뇨기과, 임상병리학과, 식품영양학과, 해군, 해양 관련 학과 등.

수음과체질 :
성격이 원만하면
만사형통이다

수음체질은 빗물, 눈물, 실개천, 깨끗한 물 등의 특성을 가지고 있다. 틈새를 파고드는 물의 치밀함은 지혜를 상징하기도 하다. 그런데 수양과체질인 경우 겨울에 태어난 사람은 불리한 점이 있다. 겨울에는 물이 얼고, 얼어붙은 물은 흐르지 않아서 지혜 역시 마음껏 발현되지 못하기 때문이다. 이때는 태양의 기운을 불러오는 것이 좋다. 화의 기운으로 열기가 오면 모든 것이 잘 풀릴 것이다. 수음과체질은 기본체질보다 마음이 더 약해서 눈물도 더 많다. 반드시 기본체질을 먼저 읽어보고 비교하면서 이해하도록 하자.

웃는 연습을 많이 하여 체질적 강점을 개발하자

실개천도, 빗물도 지면의 형태에 따라 그 모양이 달라진다. 수음체질 역시 이러한 물의 성향을 닮아 환경에 대한 적응력이 뛰어나고 유연한 사고방식을 지녔다. 그러나 적은 양의 물이나 얼어 있는 물이라면 체질적 장점을 기대하기 어려울 것이다. 따라서 수음과체질은 겨울에 태어난 경우만 아니라면 무난히 지낼 수 있고, 만일 겨울에 태어났다면 항상 웃는 연습을 해서 태양의 기운을 만드는 것이 중요하다. 자녀가 수음과체질이라면, 아이와 마주보고 웃는 연습을 하여 체질적 결함을 날려버리자.

바위를 만나면 굽어 흐를 줄 알아야 한다

이는 활동적이고 적극적이면서 요령과 수단이 좋다는 것을 의미한다. 요령이 좋아서 남보다 계산이 빠르고 수리의 개념이 밝은 경우가 많다. 그런데 수음과체질은 물이 넘치는 것이 문제라서 바위를 돌아서 흘러가는 것이 아니라 넘쳐서 넘어간다고 비유할 수 있다. 그 과정에서 다른 것들까지 휩쓸고 지나갈까 봐 걱정이다. 즉, 수음과체질이 지나치면 홍수가 나는 것과 같으므로 여러 사람에게 피해가 간다는 점을 명심해야 한다.

기본 수음체질은 윗사람에 대한 반항심리가 적고 온순하며 순종적이지만, 수음과체질은 간혹 고집을 부리거나 대들기도 한다. 화가 나면 수양체질처럼 해일을 만들기도 하므로 아이의 원만한 성격형성을 위해 고집스런 기질과 분노를 다스려줄 필요가 있다. 또한 이 체질은 수평을 유지하는 물의 균형이 깨진 상태라고 볼 수 있다. 공정함에도 균열이 생겨 자신의 취향에 따라 편향적으로 행동할 수 있으므로 주의해야 하겠다.

수음불급체질 :
자신감을 살려야
물이 가진 지혜로움을
되찾을 수 있다

수음불급체질은 심산의 계곡과 같은 물의 기운을 가지고 있지만 물이 마르거나 탁해져 제 기능을 상실한 경우라고 생각하면 된다. 자신이 가진 고유의 가치를 잃어가니 자신감이 사라진 상태다. 비가 내리고 물의 양이 많아져 다시 순환하게 되면 아무리 탁한 물도 맑게 정화되게 마련이다. 시간에 쫓기지 말고 언제나 책을 가까이 하며 공부에 매진하는 것이 중요하다. 기본체질이 가진 빗물, 눈물, 실개천, 깨끗한 물 등의 특성을 숙지한 후 불급체질의 성향이 지나칠 경우에 일어나는 추가적인 문제를 살펴보도록 하자.

힘차게 흐르던 물도 물의 양이 부족해지고 마르면 그 본질을 잃는 법이다. 기본적으로 활동적이고 요령과 수단이 좋으나 불급체질인 경우에는 그것 또한 아무 소용이 없는 셈이다. 체질적으로 허약하지 않은지를 늘 살펴봐야 한다. 기본 수음체질이 가지는 장점들을 회복한다면 훗날 밝은 미래를 이끌어가는 데에 많은 도움이 될 것이다.

한곳에 너무 오래 머무는 것은 좋지 않다

수음불급체질은 기본체질인 수음체질과 마찬가지로 어떤 일에 깊이 파고 드는 데 능하다. 하지만 한곳에서 지속적으로 하는 일은 적합하지 않다. 때로는 마치 물이 얼어버린 것처럼 우둔한 모습을 보이기도 한다. 이때는 하나하나 짚어가며 공부를 시키는 것이 중요하며 오직 식견을 넓히는 것이 물의 흐름을 제대로 돌리는 방법이라는 점을 기억해야 할 것이다.

그룹을 만들어 친구들과 어울리면 심지가 강해진다

수음체질은 기본적으로 마음이 여리고 나약해서 남자아이라도 눈물이 많다. 불급체질도 마음이 약한 경우가 많아 역시 눈물이 많지만 금방 울고 금방 그친다. 해병대 캠프에 보내거나 태권도, 검도 같은 운동을 시켜보는 것도 좋다. 그룹을 만들어 친구들과 어울려 학습하다 보면 심지가 좀 더 강해지고 굳세질 수 있을 것이다.

기본 수음체질이 '물'의 성향을 가졌음에도 불구하고, 그 기운이 부족한 수음불급체질은 상황에 대한 유연성을 발휘하지 못하는 경향이 있다. 환경 변화에 잘 적응하지 못할 때도 많다. 하지만 기본적으로 수의 기운을 타고났으니, 훈련하면 아이가 가진 적응력을 충분히 일깨워줄 수 있다.

과목별로 다른 장소와 방법을 활용해보자

한정된 공간에 갇혀 있으면 능률이 오르지 않는다. 이런 성향은 기본체질이나 불급체질이나 마찬가지다. 물이 많든 적든 고인 물은 썩게 마련이다. 다양한 장르의 학습을 통해 능률을 올려보는 것이 좋을 것이다. 과목별로 다른 장소와 방법을 적용해보는 것도 괜찮다. 요즘은 학원뿐만 아니라 여러 가지 매체를 통한 학습방법도 있으니 한번 활용해보자.

수음불급체질 역시 윗사람을 잘 따르고 순종적인 성향을 타고났다. 따라서 다른 체질의 아이들에 비해 키우기 훨씬 수월한 면이 있을 것이다. 그러나 건강문제로 고생할 수 있으니 항상 곁에서 잘 살펴봐야 하겠다.

수음복합목체질 :
뛰어난 표현력과
영특한 머리를 가졌다

수음체질과 복합목체질의 조합으로, 시냇물이 졸졸 흐르는 산골짜기 옹달샘 옆에 나무가 숲을 이루어 접근하기조차 어려운 상태이다. 물의 양도 적다. 그러니 물이 아무리 깨끗해도 접근하기가 어려워 찾는 사람이 드물다.

금의 기운이 도와준다면 쉽게 좋아질 수 있다. 너무 많은 나무들을 도끼로 정리해주고, 물이 흘러나오는 입구를 조금만 손봐주는 것으로 상황이 훨씬 좋아질 수 있는데, 이것은 모두 금의 기운이 있어야 가능한 일이다.

이 체질의 아이는 뛰어난 표현력을 가진 경우가 많다. 어른의 말을 또박또박 받아칠 줄도 아는 영특한 머리를 가졌다. 부족한 것이 있어도 스스로 공부하지 않으려는 기질인데, 만약 누가 시키지 않아도 혼자서 공부하기를 좋아하는 아이라면 후일에 크게 성공할 것이다. 자신의 단점을 스스로가 잘 막고 있으니 못할 일이 무엇이 있겠는가? 이런 것은 모두 금의 기운이 있어야 가능한 일이므로 반드시 금의 기운을 길러야 한다. 늘 배우려는 자세와 사려 깊은 행동, 부모의 의견에 잘 따르기, 항상 정직하고 정의롭게 생각하기 등이 금의 기운을 만드는 것이다.

목의 기운 때문에 얻을 수 있는 추진력과 사업가적인 기질도 너무 많으면 올바르게 사용할 수가 없다. 하지만 이런 점 역시 금의 기운으로 조절할 수 있다.

결론적으로 이 체질의 아이는 머리에 들어온 것을 헛되이 써먹는 일은 없다. 표현의 재주는 타고났으므로 열심히 배우기만 하면 모든 것이 수월해질 것이다. 반대로 금의 기운을 기르는 일을 게을리하거나 아예 관심도 갖지 않으면 머리에 든 것 없이 허풍을 떨 것이며, 그나마 조금 아는 것을 과대포장하기 바빠서 훗날에는 자기 스스로도 인생이 허무하게 느껴질 것이다. 기본 체질이 수음체질이므로 아래로 흐르는 물처럼 유순하고 욕심 없이 사는 것이 좋다.

수음복합화체질 :
동료나 형제의 도움이
중요한 역할을 한다

　수음체질과 복합화체질의 조합이다. 불볕더위에 물 한 바가지를 마당에 뿌렸다고 생각해보자. 돌아서자마자 물이 없어진다. 너무 뜨거워서 도저히 물이 남아날 수 없는 상황이다. 그럴수록 물은 귀해져만 가는데, 물이 마른다는 것은 지혜가 줄어드는 것과 같다.

　원래 수음체질은 총명하고 지혜로우며 순발력이 좋아 기발한 아이디어를 만들어내는 재주가 있지만 이렇게 물이 흔적도 없이 바짝바짝 마르는 경우는 반대의 현상이 나타날 수 있다. 그리고 건강에도 문제가 생길 소지가 있어 염려스럽다.

　이럴 때는 자신과 같은 수의 기운이 절실한데, 동료나 형제의 도움이 크게 작용한다. 열기를 식히는 데는 물이 최고이므로 물을 보충하면서 뜨거운 기운이 물러날 때까지 기다리는 것이다. 이 뜨거움이 영원할 수는 없다. 한여름이 지나면 분명 가을은 오게 마련이니까 말이다.

뜨거운 성질도 강하게 작용을 하므로 차분한 기질에 급한 기질도 섞여 있다. 뜨거운 열기는 돈을 의미하는데, 돈에 관심이 많아지면 공부는 뒷전으로 밀리는 경우가 많다. 만약 공부를 잘하는 아이라면 오행의 순환구조가 상당히 우수하므로 복이 많은 아이라고 할 수 있다.

이 체질의 아이라면 부모가 관심을 많이 가지면 가질수록 아이가 가진 공부에 대한 기운이 커진다. 일상에서 잘못된 생각이나 집착에 대해 충고해줄 수 있는 부모의 관심이 필요하며, 계획을 세우는 데도 부모의 의견이 중요하다. 책을 읽는 습관을 기르도록 옆에서 격려하고 지도해준다면 아이에게 필요한 좋은 기운들이 채워지므로 부모의 고충도 줄어들게 된다.

결론적으로 기본 수음체질을 바탕으로 하고 있는 경우는 재물에 크게 욕심부리는 경우는 별로 없고, 스케일도 작은 편이다. 그러므로 감당할 수 없는 위험한 상황은 잘 안 만든다고 본다.

수음체질이 가진 장단점을 한 번 더 찾아보고 참고하면 매사가 쉬워질 것이다. 부모의 역할은 없어서는 안 될 정도로 중요하다. 흔한 편은 아니지만 돈에 대한 욕심과 집착이 강하면 돈 때문에 스스로가 다 타버릴 수도 있다는 사실을 명심해야 한다.

수음복합토체질 :
무슨 일이든
건강이 최우선이다

　수음체질과 복합토체질의 조합으로, 맑은 물이 흐르는 곳에 흙더미가 쌓여 있는 관계다. 맑은 물의 입장에서는 매우 곤란한 상황에 처했다. 맑은 물은 깨끗함이 생명인데 주위에 흙이 있으면 흙탕물이 되므로 가치가 없어지고 만다. 이를 해결해주는 방법은 금의 기운으로 부드러운 흙이 물에 섞이지 않도록 하고 새로운 물이 들어오는 입구를 손질해주는 것이다.

　수음체질이 가진 총명함과 지혜로움, 순발력과 기발한 아이디어를 생각해내는 재주는 맑은 물에서 나오는 것이다. 그러므로 물이 흐려지면 총명함이 줄어든다고 보면 된다. 토의 기운이 강하게 작용하면, 중심을 강하게 잡으려고 하면서 자기중심적인 고집도 보일 수 있다. 하지만 무슨 문제든 금의 기운이 만들어지면 해결되니 걱정할 필요 없다.

　금의 기운을 만드는 방법은 집중해서 공부하는 것, 부모와 좋은 관계를 유지하고 대화를 자주 나누는 것, 무슨 일이든 신중하게 생각하고 꼼꼼히 따져보는 것, 책을 항상 가까이하는 것, 예절 바르게 행동하고 인사를 잘하는 것, 항상 웃는 얼굴로 사람을 대하는 것 등을 꼽을 수 있다. 추가로 정의와 정직함을 소중히 하는 것도 금의 기운을 모으는 한 가지 방법이다.

이 체질을 가진 아이는 친구들과 같이 어울려서 공부하는 것이 더 이로우며, 그렇게 해야만 성적이 오를 것이다.

가장 중요한 것은 건강에 유의해야 한다는 점이다. 토의 기운이 많으면 수의 기운인 자신이 다칠 수도 있고, 흙탕물이 되어 더러워질 수도 있다. 이는 곧 혈액이 탁해지기 쉽다는 것으로 심혈관계 질환에 걸릴 확률이 높아진다는 사실도 명심해야 한다.

결론적으로 부모가 아이에게 관심을 갖는 것으로 시작해서 아이의 계획도 도와주고 아이가 친구들과 공부하는 것까지 챙겨주면 아이에게 좋은 기운을 만들어주는 셈이다. 부모와의 대화는 아이에게 안정감을 주고 실천하는 힘을 길러줄 것이다. 융통성이 다소 부족해서 친구들과 충돌할 수도 있는데, 부모의 도움으로 그런 것도 피할 수 있고 그 외에 안 좋은 것들을 모두 날려버릴 수 있다.

수음복합금체질 :
꾸준한 실천이 있어야만
성공이 따라온다

　수음체질과 복합금체질의 조합이다. 맑은 물은 흘러야 깨끗하게 유지될 수 있는데 바위 사이에 갇혀 있는 물의 신세가 되었다. 물은 갇히면 썩고, 썩은 물은 더 이상의 물의 역할을 할 수가 없다.

　오행의 순환구조상 물이 흐르도록 해주려면 목의 기운이 필요하다. 목의 기운이 없으면 공부를 아무리 열심히 해도 나중에 써먹지 못하는 경우가 생기기도 한다. 머릿속에 생각은 많지만 대부분 비현실적이거나 공허한 생각 뿐이니, 당장 쓸모 있는 계획을 고민하는 것이 필요하다. 이러한 과정이 없으면 헛공부를 하는 것이다. 또한 집중하지도 않고 기계적으로 공부하니 좋은 결과가 나올 수가 없는 것이다. 그런데도 성적 타령만 하고 있다.

　이 체질의 아이는 부모의 말을 간섭이나 참견으로 여기고, 진지하게 부모와 상의해볼 생각이 없는 경우가 많다. 이 경우는 목의 기운을 이용해서 바꾸어 보는 것이 좋겠다. 공상 대신 현실적인 생각을 하되, 너무 오래 생각하는 것은 도움이 되지 않으므로 활동을 많이 하는 것이 좋다. 항상 밝은 표정을 짓고 정감 있는 말투로 대화를 많이 하는 것이 좋다.

머릿속이 혼란스럽다면 여행을 떠나도 좋다. 여행을 통해서 자신에게 무엇이 필요한지 생각해볼 수 있다. 생각보다는 활동이 절실한 사람이므로 몸을 움직이면서 견문을 넓히는 것이 도움도 얻고 표현의 요령도 배우는 '일거양득'의 길이다.

진취적인 기상과 새로 시작하는 성질이 목의 성향이다. 목표를 세우고 전진하는 모습이 목의 모습인 것이다. 그래서 봄을 목의 계절이라고 하며 한 해의 시작이라고 하는 것이다.

결론적으로 이 체질은 표현이 서툴러서 결과로 연결시키지 못하는 단점을 가졌다. 하지만 그런 성향도 본인이 만든 것이고 해결하는 것 역시 본인의 몫이다. 아이가 혼자 이런 생각을 해서 스스로 이겨내기란 어려운 일이므로, 발표회나 대회에 참가해서 남들이 하는 것을 관찰하고 자신에게도 적용하면서 반복적으로 연습하는 게 좋다. 그렇게 연습하다 보면 자신도 모르게 표현력이 좋아질 것이다.

목의 기운은 시작을 잘하고 추진력 있게 계획을 잘 세우는 장점을 가지고 있으니 이런 점을 활용하도록 하자. 꾸준하지 못한 노력은 아예 하지 않는 것과 같다. 무슨 일이든 실천으로 이어질 때 성공도 따라온다는 것을 다시 한 번 명심해야 할 것이다.

10체질의
다양한 응용

十體質

체질에 맞는
추천 한방약차

목체질에게 좋은 매실차

효능 – 간 기능을 활성화하고 담즙 분비를 촉진하여 숙취, 메스꺼움, 멀미를 없애는 데 쓰인다. 위장의 작용을 활발하게 하여 식욕 부진, 소화 장애, 세균성 설사에도 좋다.

만드는 법과 음용법 – 청매실 5kg을 씻어 물기를 빼고 껍질을 벗겨 과육만을 갈아 꼭 짠다. 그 즙을 뚝배기에 담고 약한 불에서 나무주걱으로 저어가면서 졸인다. 걸쭉해지면 불을 끄고 식혀서 용기에 담아 보관해두고 필요할 때 사용한다. 보통 따뜻한 물 200ml에 매실 진액 2~3작은술(10~15ml)을 넣어 녹인 후 기호에 따라서 꿀이나 흑설탕을 약간 타서 마신다. 속 쓰림이 심한 경우는 마시지 않는 것이 좋다.

효능 – 간 기능을 향상시키고 눈을 밝게 하며 눈의 피로회복에 아주 좋다. 눈으로 인한 두통, 눈 충혈, 눈부심 현상 등에도 효과가 있다. 혈액이 깨끗해지기 때문에 뼈를 만드는 골수가 충분해져 골밀도가 높아지고 근육도 튼튼해진다.

만드는 법과 음용법 – 감국은 9~10월에 노란색 꽃이 피는데, 꽃이 피기 전 봉오리 상태에서 채취하여 꽃잎만을 따서 끓는 소금물에 살짝 데쳐 숨만 죽이고 꺼낸 후 말려서 사용한다. 복용할 때는 한 번에 4g 정도를 뜨거운 물에 우려내어 마시는 것이 좋다. 1일 3회 정도 복용한다.

목체질에게 좋은 결명자차

효능 – 간장에 열이 쌓이는 것과 눈이 아픈 것을 다스리며 코피를 멎게 한다. 《동의보감》에 의하면 결명자를 100일 동안 복용하면 밤에 촛불 없이도 사물을 볼 수 있을 정도로 눈에 좋다고 하였다. 살짝 으깨서 달이면 변비에도 좋다.

만드는 법과 음용법 – 결명자를 노릇노릇하게 볶아서 20g 정도에 물 600ml를 넣고 물이 끓기 시작하면 불을 줄여서 1시간 정도 달인다. 달인 물을 음료수처럼 수시로 마시는 것이 제일 좋다. 따뜻하게 마셔도 좋고 시원하게 마셔도 좋다.

화체질에게 좋은 당귀차

효능 – 월경통에 효과적이며 자궁발육을 돕고 산전, 산후의 생리적 상태를 좋게 한다. 자궁내막염, 질염, 불감증, 성욕저하에도 좋다. 변비에도 좋다. 골반강내 장기와 조직에 피가 모이지 않게 하며 피부를 곱고 부드럽게 만들어주기도 한다. 손이나 얼굴이 자주 붓고 푸석푸석해지는 사람이 마시면 좋다. 생리 전 증후군에도 좋다.

만드는 법과 음용법 – 당귀 10g에 물 300~500ml를 붓고 물이 끓으면 불을 줄여 은근하게 1시간 정도 달인다. 하루에 여러 번 나누어 마신다. 3일분을 미리 달여두고 냉장고에 보관한 후 흑설탕을 약간 타서 마셔도 좋다.

화체질에게 좋은 연실차

효능 – 식욕이 없고 설사가 잦은 경우에 좋고, 위궤양 및 각종 출혈성 질환에도 효과가 있다. 심장의 기운을 맑게 하여 흥분성 신경쇠약을 안정시킨다. 《동의보감》에는, 연실차를 꾸준히 마시면 몸이 가벼워지고 노화를 이겨내며 배고픔을 모르게 하고 오래 살게 한다고 설명하고 있다.

만드는 법과 음용법 – 연실은 연꽃의 씨를 말한다. 볶은 연실 10g에 물 300ml를 넣고 끓인다. 물이 끓으면 불을 줄여 절반으로 줄 때까지 은근히 달인다. 하루 동안 나누어 마신다. 미리 3일분을 미리 끓여두고 냉장고에 보관했다가 마셔도 좋다.

토체질에게 좋은 대추차

효능 – 대추는 부종을 없애고, 노화를 방지하며 해독에 효과가 있는 것으로 알려져 있다. 음력 8월에 따서 볕에 말려 사용하는데, 음식의 섭취가 적거나 소화력이 약한 경우 위장기능에 활력을 불어 넣어준다. 권태와 피로감을 줄여주고, 기혈의 순환을 도와 기운을 돋아준다. 혈액이 부족해 얼굴이 누렇거나, 순환이 잘 안 되어 저리는 증상이 있을 경우에도 좋다. 가슴이 두근거리고 잘 놀라서 깊이 잠들지 못하는 경우에도 효과가 있으며, 강한 약물의 독성을 완화시켜 부작용을 줄여주기도 한다.

만드는 법과 음용법 – 육질이 좋은 대추를 깨끗하게 잘 말려둔다. 물 1L에 마른 대추를 20알 정도 넣고 1시간 반 정도 중불에서 달인다. 대추는 건져서 으깬 다음 체에 내려 씨와 껍질을 빼고, 나머지는 다시 달인 물에 넣는다. 이것을 냉장고에 넣고 차갑게 보관했다가 마실 때는 따끈하게 데워서 마신다. 기호에 따라 꿀을 타서 마셔도 좋다.

토체질에게 좋은 진피차

효능 – 속이 더부룩하고 답답할 때, 구토가 나거나 구역감을 느낄 때 좋다. 진피는 건위, 정장작용에 효과가 있어서 소화불량을 다스리는 데 쓰인다. 가래를 줄이거나, 가래를 동반한 기침을 낫게 하는 효과가 있고, 호흡곤란이나 흉통에도 좋다.

만드는 법과 음용법 – 진피는 감귤의 껍질을 말린 것이다. 진피 20g을 물에 씻은 후, 물 300ml를 넣고 끓인다. 물이 끓으면 불을 줄여 절반으로 줄 때까지 은근히 달인다. 하루 동안 나누어 마신다. 미리 3일분을 끓여두고 냉장고에 보관했다가 마셔도 좋다.

금체질에게 좋은 도라지(길경)차

효능 – 기관지의 호르몬 분비를 촉진시켜 기침과 가래를 삭혀주고 폐를 맑게 하며 가슴이 답답한 증상을 풀어준다. 감기, 기관지염, 폐렴, 천식, 결핵 등의 호흡기 질환을 다스린다. 그 외에 건위, 강장, 자양효과도 있다.

만드는 법과 음용법 – 도라지 뿌리 10g에 물 500ml를 넣고 끓여서 절반으로 줄 때까지 달인 후 거품을 걷어내고 하루 동안 나누어 마신다. 쓰는 맛이 싫다면 흑설탕을 약간 첨가해서 복용해도 좋다. 속이 쓰리다면 증상이 진정된 후에 마시는 것이 좋다. 3일분씩 미리 만들어놓고 냉장고에 보관했다가 데워먹어도 좋다.

금체질에게 좋은 생강차

효능 – 생강은 천지의 청량한 기운을 품고 있다. 가래를 잘 삭히는 효능이 있어 기침이나 천식에도 좋다. 몸살로 몸이 쑤실 때 기운이 잘 통하게 하고 땀을 통해 찬 기운을 몸 밖으로 배출하므로 전신의 통증을 없애고 몸이 가벼워진다. 혈액순환을 개선하는 효과가 있어 관절통에도 좋다. 《동의보감》에는 생강이 구풍, 소화제로서 심기를 통하고 양기를 돋우며 오장육부의 냉을 제거하는 데 쓰인다고 기록되어 있다. 생강에는 소화액의 분비를 도와 위장운동을 촉진하는 성분이 있어 식욕을 좋게 하고 소화흡수를 돕는다.

만드는 법과 음용법 – 생강을 깨끗하게 씻어서 물기를 제거한 뒤에 껍질을 벗긴다. 생강 15g에 물 500ml를 붓고 물의 양이 반으로 줄어들 때까지 중불에서 끓인다. 하루 동안 여러 차례 나누어 따뜻하게 마신다. 3일분을 미리 달여놓고 냉장고에 보관한 후 따뜻하게 데워서 마시면 되는데, 기호에 따라 꿀을 조금 첨가해도 된다.

효능 - 폐의 기능을 돕고, 기력을 북돋우는 강장효과가 있다. 기침을 가라앉히고 가래를 제거하기 때문에 폐결핵, 만성 기관지염, 만성 인후염 등에도 효과가 있다. 체내에 쌓인 불필요한 수분을 빠르게 배설시키는 이뇨작용이 뛰어나고 소염작용도 한다. 강심효과가 있고 갈증을 가시게 하며, 지속적으로 복용을 하면 신체의 건강리듬을 바로잡아준다.

만드는 법과 음용법 - 말린 맥문동 8g에 물 300ml를 넣고 중불에서 물이 절반으로 줄 때까지 달인다. 하루 동안 나누어 마신다. 미리 3일분을 끓여두고 냉장고에 보관했다가 마셔도 좋다. 맥문동은 가운데 심이 있는데 심을 빼고 말린 것을 구입하거나, 심이 들어 있는 맥문동을 사용할 경우 먼저 물에 담가 불린 후 부드럽게 풀어진 상태에서 심을 빼고 사용해야 한다.

효능 - 한밤중에 소변이 마려워 자주 깨거나 소변을 봐도 잔뇨감이 남아 불쾌할 때도 좋고, 아침부터 지속적으로 허리와 엉덩이에 은근한 통증이 계속되는 요통에 효과가 좋다.

만드는 법과 음용법 - 부추씨 10g을 물 500ml에 넣고 끓여서 물의 양이 절반이 될 때까지 달인다. 이 물을 하루에 서너 번 공복에 차지 않은 온도로 마신다. 3일분 정도를 미리 달여두고 냉장고에 보관했다가 마셔도 좋다.

효능 - 두충은 강장효과가 있어 몸을 튼튼하게 하고 신장과 간의 기능을 촉진시킨다. 또한 등과 허리, 다리의 통증에도 효과적이다. 음부가 축축하고 가려울 때, 소변이 시원하지 않거나, 횟수가 지나치게 잦을 때 좋다. 고혈압과 동맥경화를 완화하는 효과도 있다.

만드는 법과 음용법 - 두충은 두충나무의 껍질을 말린 것이다. 볶은 두충 20g에 물 500ml를 넣고 끓인다. 물이 끓으면 불을 줄여 절반으로 줄어들 때까지 은근히 달인다. 하루 동안 나누어 마신다. 미리 3일분을 끓여두고 냉장고에 보관했다가 마셔도 좋다.

모든 체질에게 좋은 오미자차

효능 - 오미자는 다섯 가지 맛을 가지고 있어서, 모든 체질에 도움이 된다고 볼 수 있다. 특히 졸음을 쫓고 과로로 인한 기억력 감퇴를 방지하며 주의력과 사고력을 개선하여 공부에 지친 청소년의 두뇌활동과 체력을 보강하는 데 좋다. 신경쇠약을 치료하고 눈을 밝게 한다. 정신적으로 과로하는 모든 사람에게 유용한 효과를 지닌다. 땀을 지나치게 흘려서 온몸이 나른하고 정신적으로 혹사당해 지쳤을 때도 기운을 수렴하여 정상으로 회복시키는 효과가 있다.

만드는 법과 음용법 - 오미자는 음력 8월에 따서 볕에 말려 약으로 쓴다. 오미자 6g을 물 500ml에 넣고 물의 양이 절반으로 줄 때까지 끓인다. 하루에 서너 번 따뜻하게 마시면 좋고, 시원한 것을 좋아하면 시원하게 마셔도 좋다.

효능 – 자양강장 작용이 있어 정기를 증강한다. 신장의 기가 쇠약해져서 유정, 몽정이 있고 허리와 무릎이 시큰거리고 통증이 있으며 힘이 없을 때 허약체질을 개선하며 기능을 강화한다. 간세포 내의 지방침착을 억제하여 지방간을 치료하고 예방하며 간세포의 신생을 촉진한다. 또 눈을 밝게 하고 피로를 회복시킨다.

만드는 법과 음용법 – 구기자는 10월에 열매를 채취하여 꼭지를 따고 음지에서 열매가 쭈글쭈글해질 때까지 두었다가 햇볕에 말려서 쓴다. 구기자 12g에 물 500ml를 붓고 물의 양이 절반으로 줄 때까지 끓인다. 하루 동안 여러 차례에 걸쳐 따뜻하게 마신다. 3일분을 미리 달여 냉장고에 보관해두고 따뜻하게 데워서 마셔도 된다.

체질에 맞는
아로마 활용법

아로마(aroma, 향기)는 향기요법을 가리키는 말이다. 질병을 예방하고 건강을 증진하며 아름다움을 가꾸기 위한 목적으로 애용된다. 재료로는 식물에서 추출한 오일(정유精油)을 이용한다. 오일은 향기가 나는 식물의 꽃, 줄기, 잎, 열매, 수액 등에서 추출한 순도 100% 에센스로 휘발성이 높은 방향물질이다.

가정에서 흔히 사용하는 방법으로 다음과 같은 세 가지 정도를 들 수 있다. 첫째로 욕조에 따뜻한 물을 받고 오일 5~6방울을 떨어트린 뒤 15~20분간 전신욕을 하는 방법을 생각해볼 수 있겠다. 둘째는 샤워를 하면서 오일 2~3방울을 혼합하는 방법도 좋다. 마지막으로 램프에 오일을 2~3방울 떨어트린 뒤 발향시켜 사용할 수도 있다.

아로마 오일의 오행 분류

새싹의 기상이 담긴 목은 팔마로사, 레몬, 바질, 그레이프 프루트 등과 어울린다. 화가 나거나 짜증이 잦아질 때 사용하면 효과적인 아로마 오일이다.

화의 기운은 정열과 웃음, 즐거움을 연상한다. 그래서 로즈, 로즈마리, 라벤더, 네롤리 등은 열정이 떨어지고 흥이 나지 않을 때 사용하면 좋다.

중심을 잡아주고 명상의 분위기를 조성하는 토의 기운은 마조람, 패츌리, 샌달우드, 베티버, 제라늄 등과 어울린다. 몸과 마음이 중심을 잡지 못할 때 사용하면 효과적이다.

어린아이 같은 순진함과 의리, 그리고 정의를 상징하는 금은 사이프러스, 클라리세이지, 유칼립투스, 히솝 등과 잘 맞는다. 슬프거나 우울할 때 사용하면 효과적이다. 호흡기에 문제가 있을 때도 도움을 준다.

수는 휴식을 통해 시작을 준비하는 기운이다. 또한 모든 기운을 수렴하기도 한다. 그래서 잠이 안 오거나 두려움, 공포감이 들 때는 일랑일랑, 재스민, 주니퍼 베리 등을 사용하면 좋다. 생식기에 이상이 생겼을 때도 효과적이다.

아로마 오일의 10체질 분류

1권에서 10체질에 따른 음식과 약재를 오행에 맞추어서 정리하였듯이, 아로마 오일 또한 오행의 속성으로 분류할 수 있다. 향기의 작용에 따라서 수렴하는 기운과 상승시키는 기운으로 구분했다. 수렴이란 모아주는 기운을 말하고, 상승이란 널리 분산시켜주는 기운을 지칭한다.

주로 음체질에는 상승하는 기운을 많이 이용하게 되고 양체질에는 수렴하는 기운을 많이 사용하게 된다. 하지만 성향은 환경에 따라 달라지기도 한다.

현재 내가 외향적인지, 내성적인지를 구분한 뒤 상승기운과 수렴기운을 참고해 오일의 혼합비율을 정하는 것이 좋다. 또한 음체질과 양체질 모두 수렴기운과 상승기운을 함께 갖고 있다. 따라서 오행이 같다면 현재의 상태에서 혼합 비율만 바꿔주면 된다.

응용체질 중 복합체질은 기본체질과 복합체질을 모두 참고하면 된다. 예를 들어 목양복합금체질이라면 목양체질과 복합금체질의 증상을 참고하여 자신이 겪는 증상과 더 비슷한 쪽에 맞춰 적용하면 된다.

목양·목음체질, 토양과·토음과체질, 화양불급·화음불급체질, 복합토체질

- 수렴하는 기운 : 제라늄, 라벤더, 로즈, 네롤리, 카모마일, 진저, 그레이프 프루트, 일랑일랑, 파인, 팔마로사, 레몬, 재스민, 멜리사.
- 상승시키는 기운 : 마조람, 시더우드, 카다멈, 로즈마리, 프랑킨센스, 타임, 패츌리, 펜넬, 베티버, 바질, 만다린.

화양·화음체질, 금양과·금음과체질, 토양불급·토음불급체질, 복합금체질

- 수렴하는 기운 : 페티 그레인, 네롤리, 카모마일, 제라늄, 로즈, 재스민, 팔마로사, 클라리세이지, 라벤더, 일랑일랑, 파인, 그레이프 프루트, 페퍼민트, 라임, 멜리사.
- 상승시키는 기운 : 패츌리, 바질, 유칼립투스, 사이프러스, 시더우드, 프랑킨센스, 블랙페퍼, 베티버, 만다린, 로즈마리.

토양·토음체질, 수양과·수음과체질, 금양불급·금음불급
체질, 복합수체질

- 수렴하는 기운 : 진저, 오렌지, 재스민, 로즈, 네롤리, 제라늄, 그레이프
  프루트, 라임, 라벤더.
- 상승시키는 기운 : 카다멈, 펜넬, 바질, 마조람, 타임, 샌달우드, 사이프
  러스, 로즈마리, 히솝, 파인, 베티버, 패출리, 버가못, 만다린.

금양·금음체질, 목양과·목음과체질, 수양불급·수음불급
체질, 복합목체질

- 수렴하는 기운 : 네롤리, 페티 그레인, 제라늄, 오렌지, 라벤더, 진저, 일
  랑일랑, 레몬, 카모마일, 파인, 클라리세이지, 페퍼민트, 멜리사.
- 상승시키는 기운 : 사이프러스, 패출리, 블랙페퍼, 쥬니퍼 베리, 티트리,
  로즈마리, 타임, 마조람, 히솝, 유칼립투스, 프랑킨센스, 시나몬, 버가못.

수양·수음체질, 토양과·토음과체질, 목양불급·목음불급
체질, 복합화체질

- 수렴하는 기운 : 클라리세이지, 로즈, 일랑일랑, 네롤리, 제라늄, 라벤더,
  재스민.
- 상승시키는 기운 : 사이프러스, 샌달우드, 유칼립투스, 쥬니퍼 베리, 로
  즈마리, 시더우드, 패출리, 바질, 베티버, 타임, 시나몬, 버가못.

수험생에게 좋은
체질별 아로마 요법

아로마 요법은 인체에 이로운 식물의 향기가 코를 통해서 뇌를 직접 자극하므로 효과가 빠르고, 뇌를 자극하는 방법이 곧 전신의 치료가 될 수 있으며 직접 가까이에서 조절하는 장점도 있다. 아로마 오일은 대체로 심리적인 안정을 주는 효과가 좋으므로 수험생들에게는 더할 나위 없이 좋은 요법이다.

아로마 오일은 자신이 속한 10체질과 아로마 오일의 특성을 참고하여 선택하는 것이 무난하다. 수험생에게는 램프에 오일을 2~3방울 떨어뜨려 발향시켜 사용하는 것이 제일 간편한 방법일 것이다.

수렴하는 기운

라벤더 – 숙면에 효과가 있다고 알려져 있으며 적은 시간을 자도 피로가 풀린다. 잠이 안 올 때 코밑에 바르면 숙면을 취할 수 있다. 눈이 피로하고 충혈되었을 때 좋으며 시원한 냉찜질을 같이하면 더 좋다. 라벤더의 가장 큰 효능은 마음의 안정이다. 생리통의 완화에도 도움이 된다.

페퍼민트 – 기억력 증진에 효과가 있다. 강력한 각성효과로 잠을 깨고 싶을 때 사용하면 좋다. 그리스신화에서 페퍼민트와 관련해 페르세포네의 노여움을 산 요정 멘테가 하나의 허브로 다시 태어났다고 하며 이 허브가 지닌 생명력을 말해주고 있다. 상쾌한 멘톨향의 오일이다.

비염으로 인해 코가 막혀서 공부에 집중하기 어려울 경우에도 좋다. 정신적 피로와 우울증에 효능이 있으며 청량한 향기로 잠을 쫓는 역할을 한다.

독특한 향기는 위장의 활동을 도와 소화불량이나 피로회복에 좋다. 멘톨 성분으로 뇌파를 자극하여 기억력을 높여준다. 기분을 상승시키고, 머리를 맑게 해주며 긍정적인 사고를 북돋워준다. 호흡을 깊게 하는 데 도움을 주며 소화기능 향상에 효과적이다. 특히 발의 피로를 푸는 데 좋다.

진저 – 생강과의 식물이며 연노란색, 호박색 또는 녹색 액체로 따뜻하고 약간의 그린향이 감도는 신선한 나무향이다. 감기, 독감, 목감기, 설사, 장경련, 위경련에도 좋다. 감기에 저항력을 길러주며 따뜻함과 강인함, 용기를 심어주고, 추진력이 부족할 때 이를 키워주어 변화에 대한 유연성도 길러준다.

레몬 – 기억력 증진에 효과가 있고 집중력 향상에 도움이 되며 기분을 상쾌하게 해준다. 피부자극이 생길 수 있으므로 피부에 바르면 안 된다. 상쾌한 감귤향의 레몬은 기분전환용으로 좋다. 우울한 기분을 바꿔주며 마음을 상쾌하고 맑게 해주는 아로마이며 식욕이나 기억력이 떨어질 때 많이 사용한다.

카모마일 - 달콤한 향으로 긴장된 마음을 진정시켜주고 머리를 맑게 해준다. 눈이 피로하고 충혈되었을 때 좋으며 시원한 냉찜질을 같이하면 더 좋다. 유럽에서는 가정 상비약으로 집집마다 카모마일을 구비해둘 만큼 보편적인 약초이며 불면증에 사용한다. 생리통의 완화에도 도움이 된다. 감기 기운이 있거나 두통이나 피로를 느낄 때 좋다. 체온을 따뜻하게 해주며 발한 작용이 있다.

네롤리 - 달콤하고 상쾌한 향이다. 신경성 소화불량, 시험불안, 무대불안, 신경긴장, 월경 전 증후군, 정신적 충격, 스트레스 관련 질병, 특히 근본적인 정서적 문제(신경계), 불안 및 우울증 해소, 현기증 개선 등에도 효과가 있다. 최면성이 있어 불면증에 좋다.

클라리세이지 - 불안정한 어린이의 정서안정에 도움이 되며 마음이 조급하거나 겁에 질려 있을 때 사용하면 긴장을 완화해주어 편안하게 하는 효과가 있다. 생리통의 완화에도 도움이 된다.

라임 - 쓴맛이 나는 달콤한 향을 가지고 있으며 향이 강한 편이다. 원인이 없는 불안과 과로로 피곤할 때 사용하면 마음과 몸을 상쾌하게 해준다.

로즈마리 - 정신집중과 기억력 증진에 효과가 있으며, 심장과 간에 좋은 강장제다. 뛰어난 뇌자극제로서 시험을 앞둔 사람들이 사용하면 좋다. 깨끗하고 상쾌한 향의 로즈마리는 라틴어로 '바다의 물방울'이라는 말에서 유래했다고 한다. 상쾌한 향은 실내를 환기하고 싶을 때 도움이 된다. 두통완화에도 도움이 된다.

시더우드 - 의욕을 증진하고 근심과 두려움을 해소하는 작용이 있어 집중력을 높이는 데 좋다. 불안과 긴장을 완화시키는 데도 좋다. 주로 명상할 때 많이 사용하고 신체의 균형을 유지시키는 데도 효과가 있다. 살균효과 또한 뛰어나 지성피부의 트러블을 진정시키고 마른버짐을 없애고, 모발에 윤기를 주며 비듬을 예방하는 데도 도움을 준다.

바질 - 집중력을 향상시키는 데 도움을 주고 감각을 깨우고 신경장애를 진정시켜준다. 우울한 증세에 도움이 되고 불면증에도 효과적이다. 두통과 편두통에 탁월한 효과가 있다.

사이프러스 - 공부할 때 많이 사용한다. 비만을 없애는 데도 도움이 되며 독소배출, 이뇨작용, 발냄새 제거에도 좋다.

주니퍼 베리 - 피로회복에 좋고 무기력증을 해소해주며, 슬픈 기분을 전환해준다. 마음을 누그러뜨리고 이완시키는 데 도움이 된다. 잠이 안 올 때 숙면할 수 있도록 도와준다. 지방분해에 뛰어나 다이어트에도 많이 사용한다.

유칼립투스 – 기억력 증진에 효과가 있으며 비염으로 인해 코가 잘 막혀서 학습에 집중하기 어려울 경우에도 좋다. 머리가 맑아지며 정신집중에 도움이 되므로 공부할 때 사용하면 좋다.

프랑킨센스 – 기분을 안정시키며 우울증을 해소하고 명상효과를 준다. 또한 과거와 연결된 심리적 불안과 강박관념 해소에 효과적이다. 호흡기 쪽으로는 기침, 천식, 기관지염, 후두염 등의 장애를 완화한다. 단, 민감성 피부를 가졌다면 사용할 때 주의해야 한다.

베티버 – 진정작용이 뛰어나 정서적으로 기분을 상승시키며 스트레스, 긴장 완화, 우울증 해소, 불면증 등에 효과를 발휘한다. 심신의 원기회복에도 탁월한 효과가 있어 중추신경계의 균형을 유지하고 혈액순환을 촉진해 관절염, 근육통 등에 도움이 된다.

김대원

부산 금정구 두실한의원 원장.

동국대학교 한의과대학을 졸업한 후, 소문난 명의였던 부친의 대를 이어 한의학에 입문한 지 25년. 그동안 환자들을 치료해오면서 체형이나 장부의 대소를 가지고 체질을 구분하는 기존의 사상체질과 팔상체질론에 한계를 느껴 스스로 체질에 관한 연구를 시작했다.

십수 년 간 역학과 의학을 넘나들며 체질연구에 매달린 끝에 마침내 "사람의 본성은 자신이 태어난 일시의 천지의 음양오행 기운에 의해 만들어지고, 그 본성이 자신의 성품과 체질의 기초가 된다. 즉 음양오행의 이치가 곧 체질의 시작이다."라는 진리를 터득, 그를 기반으로 10체질론을 완성했다. 답답하기만 했던 체질이론에 해답을 얻은 것이다.

하지만 이론만으로는 부족했다. 김 원장은 곧 수많은 환자들과 주변 지인들을 대상으로 그들의 생년월일시를 적용해 체질을 판별해보았고 그 결과는 놀라울 정도였다. 그들의 성품이나 육체적 특성, 취향 등이 10체질 유형과 정확히 일치한 것이었다. 개중에는 살아오면서 변질되어 자신도 몰랐던 본래의 성품을 발견하고 놀라움을 금치 못한 경우도 많았다. 현재까지도 김 원장은 내방하는 환자들에게 10체질 유형을 알려주고 스스로 그에 맞는 건강관리와 생활습관을 유지해나가도록 권유하고 있다.

태어난 일시의 음양오행이 알려주는 운명의 비밀

기존의 체질론으로는 설명할 수 없었던
인간관계, 직장, 성공, 금전, 건강의 비밀이 풀린다!

나는 어떤 체질을 타고났는가? 나와 꼭 맞는 상사, 연인, 배우자 등 체질별 궁합은?

내 체질에 맞는 직업, 적성분야, 성공원리는 무엇인가?

체질에 맞는 투자와 자산관리법, 주거환경, 운동, 건강관리법은?

같은 체질이라도 태어난 계절에 따라 성품과 대인관계는 어떻게 달라지는가?

**10체질을 알면
성공이 보인다**

김대원 지음 | 값 18,000원

건강과 행복, 인간관계를 관통하는 인생의 지도, 10체질

자연의 일부인 인간은 태어난 일시의 천지의 기운을 품고 성품과 기질, 신체적 특성을
형성한다. 음양오행, 즉 '화수목금토'의 오행과 '일월'의 음양이 결합하여(5x2) 10가지로
분류한 10체질은 저마다 타고난 본성과 장단점이 무엇인지 알려주고, 적성, 진로, 자녀
교육, 자기계발 등 성공과 행복까지 한 번에 관통하는 인생의 지도를 보여준다.